高职汽车检测与维修技术专业立体化教材

Qiche Jiance Jishu

汽车检测技术

中国交通教育研究会职业教育分会　组织编写
上海景格科技股份有限公司　技术支持
李　军　黄志永　主　编
郭海龙　张永栋　副主编

人民交通出版社股份有限公司
China Communications Press Co., Ltd.

内 容 提 要

本书是高职汽车检测与维修技术专业立体化教材之一,主要内容包括:机动车检验检测机构概述、车辆人工检验与评价、机动车安全运行技术条件检验项目与评价、机动车检验检测机构管理体系等。

本书可作为高等职业学校汽车检测与维修技术、汽车运用与维修技术等专业核心课程教材,也可作为汽车服务人员在职培训及汽车爱好者的自学指导书。

图书在版编目(CIP)数据

汽车检测技术/李军,黄志永主编.—北京:人民交通出版社股份有限公司,2018.7

高职汽车检测与维修技术专业立体化教材

ISBN 978-7-114-14808-8

Ⅰ.①汽… Ⅱ.①李…②黄… Ⅲ.①汽车—故障检测—高等职业教育—教材 Ⅳ.①U472.9

中国版本图书馆 CIP 数据核字(2018)第 131695 号

书　　名:汽车检测技术
著 作 者:李　军　黄志永
责任编辑:戴慧莉
责任校对:尹　静
责任印制:张　凯
出版发行:人民交通出版社股份有限公司
地　　址:(100011)北京市朝阳区安定门外外馆斜街 3 号
网　　址:http://www.ccpress.com.cn
销售电话:(010)59757973
总 经 销:人民交通出版社股份有限公司发行部
经　　销:各地新华书店
印　　刷:北京市密东印刷有限公司
开　　本:787×1092　1/16
印　　张:11.75
字　　数:262 千
版　　次:2018 年 7 月　第 1 版
印　　次:2018 年 7 月　第 1 次印刷
书　　号:ISBN 978-7-114-14808-8
定　　价:29.00 元

(有印刷、装订质量问题的图书由本公司负责调换)

高职汽车检测与维修技术专业立体化教材
编 委 会

主　任：魏庆曜

副主任：吴宗保　李　全　解福泉

委　员：陈瑞晶　陈　斌　刘　焰

　　　　高进军　崔选盟　曹登华

　　　　曹向红　官海兵　李　军

　　　　刘存香　缑庆伟　袁　杰

　　　　朱学军

秘　书：钟　湄

前言

《国家中长期教育改革和发展规划纲要(2010—2020年)》的发布,为中国近十年的教育改革和发展提供了明确的前进方向。围绕《纲要》实施,"适应经济社会发展和科技进步的要求,推进课程改革,加强教材建设,建立健全教材质量监管制度"是职业院校教学改革的重要内容。如何实现教材建设和课程改革相结合,满足学生职业生涯发展和社会经济发展相适应,十分关键。

本套教材以中国交通教育研究会职业教育分会汽车运用工程专业委员会制订的汽车检测与维修技术专业人才培养方案和课程标准为依据,以行业典型工作任务为课程内容参照点,以完整任务为单元组织内容,以任务实施为主要学习方式,满足高职汽车检测与维修技术专业培养技能人才的教学需求,具有以下特点:

1. 学习任务工作化。以任务驱动为导向,按照典型工作任务、完整过程和工作情境设计教学内容。从岗位需求出发,实现教学内容融合工作任务,通过任务实施巩固学习过程,为学生提供全面的学习和培养。

2. 教学内容专业化。在中国交通教育研究会职业教育分会汽车运用工程专业委员会的指导下,组织教育专家设计、行业专家指导、技术专家和院校教学专家团队编写,保证了教学理念的先进性及教材内容的专业性。

3. 教材形式立体化。以"高职汽车检测与维修技术专业资源库"为支撑,资源库中含有丰富的动画、视频、优秀图书、论文、知识拓展等素材资源,教材中的相关知识点附近配有二维码。扫码可观看动画或视频资源,使课程更加形象化、情景化、动态化、生活化。

4. 课程内容全面化。课程全面覆盖各层次学生学习需求,不仅涵盖重要知识内容和关键操作步骤,而且配套资源库中推荐众多优秀图书、论文、知识拓展链接,为各层次学生精选、设计匹配学习方法,丰富学习渠道,满足学生多种场景学习要求。

5. 教学形式信息化。课程采用教材与网络资源库同步呈现模式,实现网络云端数据访问,教学素材实时更新,满足各院校信息化教学需求。

6. 教学质量可视化。课程不仅设计有全面的考核项目和海量题库,同时配套景格云立方教学管理平台,实现教学全过程信息化管理,有效地把控教学效果。

本套教材是中国交通教育研究会职业教育分会汽车运用工程专业委员会组织,四川交通职业技术学院、广西交通职业技术学院、天津交通职业学院、广东交通职业技术学院、湖北交通职业技术学院、江西交通职业技术学院、陕西交通职业技术学院、北京交通运输职业学院、河南交通职业技术学院(院校排名不分先后)及上海景格科技股份有限公司深度合作,在行业专家、教学专家的指导下共同开发的"汽车类专业教学资源库"配套教材。希望通过本套教材的使用,使学生能够学到扎实的基础知识、练就娴熟的专业技能、掌握实践操作经验,让学生决胜于职场,创造出一个美好的未来。

《汽车检测技术》是本套教材中的一本,与传统同类教材相比,本书以汽车服务人员所需有关机动车检测的相关知识为内容,以机动车检测项目为主线,介绍了汽车性能的检测原理和检测方法、检测仪器设备使用与维护、检测标准的应用、检测结果的分析及检验检测机构的管理等知识和技能。遵循由浅入深、由易到难、工学结合、理实一体化的理念,并注重对学生创新创业能力的培养,如项目一注重机动车检验检测机构的认识,项目二、项目三注重具体的检测项目及评价标准,项目四注重机动车检验检测机构的相关管理知识。

本书的编写分工为:广东交通职业技术学院的郭海龙编写了项目一,广东交通职业技术学院的李军编写了项目二,广东交通职业技术学院的黄志永编写了项目三,广东交通职业技术学院的张永栋编写了项目四。全书由李军、黄志永担任主编,由郭海龙、张永栋担任副主编。

在本书的编写过程中,编者参阅了大量国内外文献,引述文献已尽量予以标注,但难免存在疏漏,在此对各文献作者一并致谢!

由于编者水平有限,加上时间仓促,书中疏漏与不妥之处在所难免,敬请有关专家和读者批评指正。

编委会
2018 年 1 月

目 录

项目一 机动车检验检测机构概述 ……………………………………………………… 1
 学习任务 1 机动车检验检测机构认识 ………………………………………… 2
 学习任务 2 车辆交接与业务办理 ……………………………………………… 7

项目二 车辆人工检验与评价 …………………………………………………………… 16
 学习任务 1 车辆唯一性认定检验与评价 …………………………………… 17
 学习任务 2 车辆特征参数检查与评价 ………………………………………… 22
 学习任务 3 车辆外观检查与评价 ……………………………………………… 30
 学习任务 4 车辆安全装置检查与评价 ………………………………………… 43
 学习任务 5 车辆底盘动态检验与评价 ………………………………………… 54
 学习任务 6 车辆底盘部件检验与评价 ………………………………………… 58

项目三 机动车安全运行技术条件检验项目与评价 …………………………………… 63
 学习任务 1 汽车排气污染物测量与评价 …………………………………… 64
 学习任务 2 汽车动力性能检测与评价 ………………………………………… 85
 学习任务 3 道路运输车辆碳平衡油耗检测与评价 ………………………… 98
 学习任务 4 汽车车速表检验与评价 …………………………………………… 104
 学习任务 5 机动车前照灯检测与评价 ………………………………………… 111
 学习任务 6 汽车声级计检验与评价 …………………………………………… 120
 学习任务 7 汽车侧滑检验与评价 ……………………………………………… 125
 学习任务 8 汽车悬架装置检验与评价 ………………………………………… 131
 学习任务 9 轴(轮)重检验与评价 ……………………………………………… 134
 学习任务 10 汽车制动性能检验与评价 ……………………………………… 139

项目四 机动车检验检测机构管理体系 ………………………………………………… 155
 学习任务 1 机动车检验检测机构从业规范 ………………………………… 156
 学习任务 2 机动车检验检测机构质量控制 ………………………………… 164

参考文献 ………………………………………………………………………………… 178

项目一　机动车检验检测机构概述

项目概述

　　机动车的检测和试验主要用于新制造车辆性能的检测、在用车辆技术等级评定和维修后的竣工检验以及车辆安全、环保、总成、构件等专项检验。其目的是通过检测和试验的方法对整车和总成、系统的性能做出判断,通过检测对产品结构质量做出评价。它是车辆使用和管理中非常重要的技术措施和步骤,是技术规范实施中必需的重要程序。

　　机动车的检测与诊断是确定车辆技术状况的重要过程,既要有完善的检测、分析手段和方法,又要有正确的理论指导,也就是说机动车的检测和诊断既要选择使用与其目的相适应的途径、环境,又要选择合适的参数标准和最佳周期。

　　机动车检测的基本方法根据其检测目的不同而不同。车辆检测一般是预定的目的、固定的地点或场合、专门的工艺和设备、符合要求的环境、专业的技术人员、有目的的欲采集值和形态,定期、定性或定项检测。

　　机动车检验检测机构中具有固定的设置、设施、设备和人员。按使用性能不同,主要有综合性能检测线、汽车安全性能检测线、机动车排放检测线、摩托车安全性能检测线。其检测的作用主要是车辆年审、车辆维修质量的督察与评定、营运车辆的等级评定和客车类型划分、车辆安全与防止公害性能的检查、进口商品车检验、新车或改装车的性能检验。检测线的检测,一般应出具检测记录单与检测报告。目前,交通部门对营运车辆的车辆等级评定、环境保护部门机动车排放检测、车辆维护检测和公安部门车辆的安全检测,都使用统一制式的检测单和报告单。

主要学习任务

1. 机动车检验检测机构认识
2. 车辆交接与业务办理

学习任务1　机动车检验检测机构认识

　**任务描述**

机动车检验检测机构是综合运用现代检测技术对机动车实施不解体检测、诊断的事业性或企业性机构。

　学习目标

(1)能描述机动车检验检测机构的类型。
(2)能描述机动车检验检测机构的性质及功能。
(3)能介绍机动车检验检测机构的组织架构及岗位人员要求。
(4)能根据所在机动车检验检测机构,描绘出该机构的工位布置和检验流程。
建议学时:2学时。

　知识准备

一、机动车检验检测机构的分类

机动车检验检测机构是综合运用现代检测技术对机动车实施不解体检测、诊断的事业性或企业性机构。目前,机动车检验检测机构按功能可分为3类(图1-1):机动车综合性能检验检测机构、机动车安全技术性能检验检测机构、机动车环保尾气检验检测机构。

a)机动车综合性能检验检测机构　　b)机动车安全技术性能检验检测机构　　c)机动车环保尾气检验检测机构

图1-1　机动车检验检测机构的分类

二、机动车检验检测机构的性质及功能

1. 机动车综合性能检验检测机构

1）性质

机动车综合性能检验检测机构主要是对道路运输车辆的技术状况进行等级评定的检测，简称"综检"机构。机动车综合性能检验检测是道路运输业车辆技术管理的主要内容，它是检查、鉴定车辆技术状况和维修质量的重要手段，是促进维修技术发展，实现视情修理的重要保证。2016年交通运输部一号令的颁布和实施，让综检站的工作进一步社会化。汽车综检站是获得质监部门资质认定证书后，经交通运输管理部门审核认定，受各地道路运输管理部门委托，依据《道路运输车辆综合性能要求和检验方法》（GB 18565—2016）、《道路运输车辆技术等级划分和评定要求》（JT/T 198—2016）对车辆进行技术等级评定的专门机构。

2）功能

机动车综合性能检验检测机构是对申请从事道路运输的车辆及在用道路运输车辆进行技术等级评定检验；对汽车维修行业的维修车辆进行质量检测；接受委托，对车辆改装、改造、报废及其有关新工艺、新技术、新产品、科研成果等项目进行检测，并提供检测结果，接受公安、环保、商检、计量和保险等部门的委托，为其进行有关项目的检测，并提供检测结果。

2. 机动车安全技术性能检验检测机构

1）性质

机动车安全技术性能检验检测机构指在中华人民共和国境内依法接受委托，从事机动车安全技术检验，并向社会出具公正数据的技术机构，简称"安检"机构。机动车安全技术检验是根据《中华人民共和国道路交通安全法》及实施条例规定，按照国家《机动车安全运行技术条件》（GB 7258—2017）和《机动车安全技术检验项目和方法》（GB 21861—2014）等技术规范要求，对上路行驶的机动车进行检验检测的活动。机动车安全技术性能检验检测机构是社会上任何单位及个人都可以依法申办，具备条件且依法成立（通过质量技术监督部门的资质认定和计量认证）的检验机构，可以对机动车进行安全技术性能检验。

2）功能

机动车安全技术性能检验检测机构是对注册登记车辆和在用车辆进行检验，即指对申请注册登记的机动车和已注册登记的机动车进行的安全技术检验。这样的安全技术检验相当于给车辆做体检，检验检测车辆是否符合国家对机动车安全上路行驶的基本要求，也是协助相关主管部门及时消除车辆安全隐患，督促加强汽车的维护，打击走私、盗抢、拼装机动车等违法犯罪行为，减少交通事故的发生。安检具体的检测内容有尾气检测、查违章、人工检验、仪器设备检验、总检审核。

3. 机动车环保尾气检验检测机构

1）性质

机动车环保尾气检验检测机构是对在用机动车尾气排放中污染物浓度的检测，简称"环检"机构。机动车环检站按照国家《轻型汽车污染物排放限值及测量方法（中国第六阶段）》

(GB 18352.6—2016)等技术规范要求,对机动车排气污染物检测,按安检周期同步进行。凭合格的检测报告,由环保部门核发机动车环保检验合格标志。机动车排放检验机构是社会化运作,由市环保局尾气中心负责对辖区所有环检站实施监督管理,包括对其检测过程、检测数据、检测报告进行联网监控和审核。

2) 功能

强制对机动车进行排放检测和安全检测,按照国家或地方机动车排放标准规定,对在用机动车尾气排放是否符合国标要求进行检测的机构,协助主管部门淘汰现有的黄标车,加快淘汰老旧机动车,对高排放的柴油车等机动车进行专项整治,从而对大气污染的防治起到重大作用。

三、机动车检验检测机构的组织架构及岗位要求

1. 机动车检验检测机构的组织架构

机动车检验检测机构的组织架构如图1-2所示。

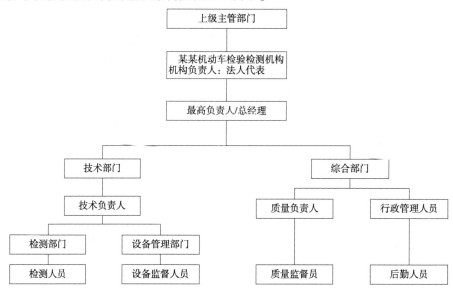

图1-2 机动车检验检测机构的组织架构

2. 岗位要求

1) 机构负责人

机构负责人应当熟悉机动车检验业务,了解与安检相关的法律法规和标准。

2) 技术负责人

技术负责人应符合以下要求:

(1) 具有汽车运用工程或相近专业大专(含)以上学历和中级(含)以上工程技术职称;

(2) 掌握汽车理论和汽车构造知识,有三年以上的汽车维修或检测工作经历;

(3) 熟悉国家、行业、地方有关汽车维修检测方面的政策、法规、规定及相关标准;

(4) 掌握检测设备的性能,具有使用检测设备的知识和分析测量误差的能力,能组织检

测仪器、设备校准和计量检定工作。

3）质量负责人

质量负责人应符合以下要求：

（1）具有汽车运用工程或相近专业大专（含）以上学历和中级（含）以上工程技术职称；

（2）熟悉检测技术标准和检测仪器、设备检定规程，熟知计量认证和质量控制要素，胜任检测站全面质量管理工作。

按《检验检测机构资质认定评审准则》要求，检验检测机构应有技术负责人，负责技术运作和提供检验检测所需的资源，检验检测机构技术负责人应具有中级及以上专业技术职称或者同等能力；检验检测机构应有质量主管，应赋予其在任何时候使管理体系得到实施和遵循的责任和权力。质量主管应有直接渠道接触决定政策或资源的最高管理者；应指定关键管理人员的代理人。

4）检验检测机构授权签字人

授权签字人应具有中级及以上专业技术职称或者同等能力，并经考核合格。以下情况可视为同等能力：

（1）博士研究生毕业，从事相关专业检验检测活动1年及以上；硕士研究生毕业，从事相关专业检验检测活动3年及以上；

（2）大学本科毕业，从事相关专业检验检测活动5年及以上；

（3）大学专科毕业，从事相关专业检验检测活动8年及以上。

非授权签字人不得签发检验检测报告或证书。按《检验检测机构资质认定 机动车安全技术检验机构评审补充要求》要求，机动车安全技术检验机构的技术负责人、质量负责人、报告授权签字人要具备机动车相关专业大专以上学历或者中级以上工程技术职称或者技师以上技术等级，有3年以上机动车检验工作经历。授权签字人应熟悉相关的法律法规、标准和安检业务，熟悉机动车的理论与构造，熟悉各检验工位业务、流程及相关专业知识，熟悉检验仪器设备的结构及性能，熟练掌握检验仪器设备的操作规程。

5）检验人员

检验人员应当具备以下要求：

（1）具有高中或中专及以上学历；

（2）了解机动车性能、构造及有关使用的一般知识；

（3）熟悉检测仪器设备的结构及性能，熟练掌握检测仪器设备的操作规程；

（4）了解本机构的检验工艺流程及相关标准。掌握检验项目的技术标准；

（5）掌握计算机操作技能，登录员应能熟练使用、管理计算机及其网络系统；

（6）引车员应持有与检测车型相对应的有效机动车驾驶证；

（7）外观检查员和底盘检查员还应当熟悉相应的机动车性能、构造及有关使用的专业知识。

6）设备维护人员

设备维护人员应符合以下要求：

（1）具有相关专业中专或相当于中专（含）以上学历和技术员（含）以上职称；

（2）掌握机动车构造和原理的一般知识；

(3)掌握检测仪器设备的性能和使用要求,具备检测仪器设备管理知识,能对检测仪器设备进行维护、保养、校准。

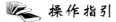 操作指引

1. 组织方式

(1)场地设施:机动车检验检测机构、一体化教室。
(2)设备设施:管理体系文件、检验检测相关视频。

2. 操作要求

(1)遵守检验检测机构规章制度。
(2)穿着干净整齐的工作服,注意沟通礼仪。
(3)注意交通安全。

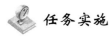 任务实施

(1)图1-3为检验检测机构工艺流程图,根据流程步骤完成检验检测机构的工位布局。

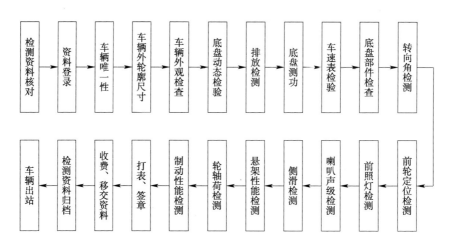

图1-3 检验检测机构工艺流程图

(2)图1-4为检验检测机构检验流程图,根据流程步骤说明检验检测机构的检验细节。

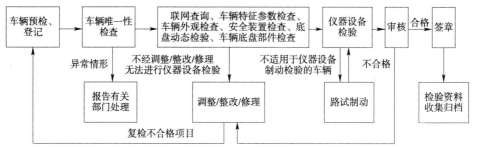

图1-4 检验检测机构检验流程图

（1）机动检验检测机构按功能可分为3类，即机动车综合性能检验检测机构、机动车安全技术性能检验检测机构、机动车环保尾气检验检测机构。

（2）机动车综合性能检验检测机构主要是对道路运输车辆的技术状况进行等级评定的检测，简称"综检"机构。

（3）机动车综合性能检验检测机构是依据《道路运输车辆综合性能要求和检验方法（GB 18565—2016）、《道路运输车辆技术等级划分和评定要求》（JT/T 198—2016）对车辆进行技术等级评定的专门机构。

（4）机动车安全技术性能检验检测机构是指在中华人民共和国境内依法接受委托，从事机动车安全技术检验并向社会出具公正数据的技术机构，简称"安检"机构。

（5）机动车安全技术检验是根据《中华人民共和国道路交通安全法》及实施条例规定，按照国家《机动车安全运行技术条件》（GB 7258—2017）和《机动车安全技术检验项目和方法》（GB 21816—2014）等技术规范要求，对上路行驶的机动车进行检验检测的活动。

（6）机动车排放污染检测是对在用机动车尾气排放中污染物浓度的检测，按安检周期同步进行，简称"环检"机构。机动车环检站按照国家《轻型汽车污染物排放限值及测量方法（中国第六阶段)》（GB 18352.6—2016）等技术规范要求，对机动车排气污染物检测。

学习任务2　车辆交接与业务办理

在日常的机动车检验工作中，车辆送检人如何进行车辆登记（登录）？需要提供什么证件？对车辆登记完毕后，又如何进行下一步检验？

（1）能介绍各类机动车检验的期限。
（2）能使用检验检测机构计算机控制系统。
（3）能完成车辆交接的流程。
（4）能准确审查车辆登录资料。
建议学时：2学时。

知识准备

车辆检测是国家为了防治环境污染,保障汽车安全性以及舒适性而对机动车实行的一项规定,是企业受政府委托开展的一种收费业务。

机动车检测的具体业务由机动车检验机构承担,检验机构所出具的检测报告是公安机关、交通运输部门或其他委托部门行政执法的凭证,因此,机动车检验机构应按照《检验检测机构资质认定管理办法》的规定,必须保证检测工作的公正性、科学性和先进性。

一、汽车检验检测机构计算机控制系统

随着政府审批制度的改革,允许越来越多行业实行行业准入制度,加入这一行业的企业不断增加,企业间的竞争变得更加激烈。检测行业政策性强,既要强调为车主提供良好的服务,又要严格执行把关,这是互相矛盾的两种关系。如何更有效地加强管理部门对检测业务的监管,一直是一项非常重要的工作,以技术手段为上级管理部门提供监管是唯一的出路。计算机控制系统是针对汽车检测与诊断实现自动处理的手段,通过网络进行远程监管,对加强机动检验机构的管理和提高技术水平、服务水平具有重要意义。

汽车检验检测机构计算机控制系统是将计算机应用技术和电子控制技术、网络通信技术相结合,对测量、计算、判断、结果存储、传输和输出进行综合管理的智能化系统。在《汽车综合性能检验机构能力的通用要求》(GB/T 17993—2017)、《汽车检验机构计算机控制系统技术规范》(JT/T 478—2017)、《机动车安全技术检验业务信息系统及联网规范》(GB/T 26765-2011)和《机动车安全技术检验监管系统通用技术条件》(GA 1186-2014)中,对检验检测机构计算机控制系统的功能提出了明确的要求。

运用现代通信网络技术将这些子系统联接成一个局域网,用于实现检验检测机构的全自动检测、全自动管理和全自动财务结算等,还可以利用信息高速公路将某地区的检验检测机构连成一个广域网,使上级交通部门可以实时地了解并监督该地区各检验检测机构的车检工作(图1-5)。计算机控制检测系统需要帮助完成车辆信息登录、规定项目与参数的受控自动检测、检测数据的自动传输与存档、检测报告与统计报表的自动生成、指定信息的查询、建立适用于检测车型的数据库和检测标准项目的参数限值数据库。该系统应该具有对人工检验项目和对未能联网的检测设备检测结果的人工录入功能,以及对受检车辆具备检测调度功能等。

计算机控制系统由硬件和软件两部分组成。硬件部分包括计算机及外围设备、外部接口、传感器、前端处理单元;软件部分包括系统软件、应用软件和数据库等。

计算机控制系统依靠下列子系统完成国家标准所要求的各项功能。

1. 登录系统

将车辆基本信息和检测项目录入计算机控制系统,为主控制系统控制和报告打印提供信息。登录注册系统界面一般包括查询条件区、车辆基本信息区和检测项目选择区等。

2. 调度系统

调度系统根据车辆实际到达检测车间的顺序,在无序登录到计算机控制系统的车辆中,

选择相应的车辆发往主控制系统,开始检测。调度系统界面一般包括待检车辆列表,用来显示登录注册系统已经录入的车辆车号、车型、待检项目、检测序列号等信息。

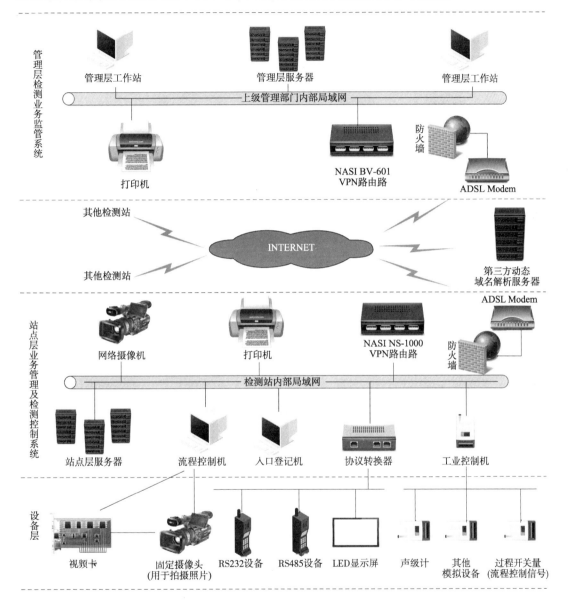

图1-5 汽车综合性能检验检测机构计算机网络结构示意图

3. 主控系统

主控系统是检验检测机构计算机控制系统的核心模块,它根据被检车辆需要检测的项目,控制检测设备运转,采集检测设备返回的检测数据,并按照国家相应标准对检测数据进行判定;控制检测线各工位电子显示屏,显示检测结果和判定结论,按照检测流程给引车员相应的操作提示;将检测数据和判定结论存入本地数据库。主控系统界面有用来显示在检车辆当前正检测项目及已检测项目判定结论的在检车辆状态区,用来显示已由调度发出但尚未检测车辆信息的待检车辆信息区,用来显示各工位当前正检测车辆检测数据的检测数据显示区,以及用来显示当前各检测设备运行状况的检测设备状态区等。主控系统通常包括外观检测、底盘检测、尾气检测、速度检测、制动检测、灯光检测、声级检测、侧滑检测、悬架检测、底盘功率检测和油耗检测等功能模块。

4. 打印系统

打印系统能够按照规定的报告式样,根据检测结果,在检测报告的相应位置上打印出车辆的基本信息和各项检测数据,并给出判定结论。

5. 监控系统

监控系统将前端摄像机采集的视频信号,通过传输线路,集中到监视器或录像机,供实时监控或存档查询。汽车检测过程监控系统需实现管理部门对检测现场的视频监控。视频监控是整个检测监控系统的核心部分,视频监控将分为两部分,即汽车检验检测机构端和上级管理部门端,可采用手动录像、定时录像和自动录像等多种方式进行图像记录。

6. 客户管理系统

客户管理系统是对客户资源的管理,包括客户信息录入、业务收费、财务审核、领导查询等功能模块。

7. 维护系统

维护系统包括检测设备的软件标定、检测判定标准的维护、数据库的定期备份、硬件维护和软件维护等功能模块。

8. 查询统计系统

查询统计系统可以按照任意时间段,对被检测车辆、车辆单位、检测合格率、引车员工作量、检测收入等信息进行查询、统计,并按照一定的查询条目自动生成统计报表。

二、车辆交接与登录

机动车安全检验流程,如图1-6所示。

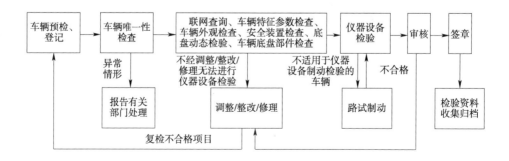

图1-6 机动车安全检验流程

登录系统是汽车检验检测机构计算机控制系统检测流程的起点,检验时进行车辆交接与登录需提交以下资料:行驶证、机动车交通事故责任强制保险凭证以及需要检验的汽车。

根据《道路交通安全法实施条例》第十七条要求,同时也需要提供车船使用税完税证明资料。

依据《中华人民共和国道路交通安全法》《中华人民共和国道路交通全法实施条例》和《机动车登记规定》中的有关条款,对登记后上道路行驶的机动车,按照下列期限(图1-7)进行安全技术检验。

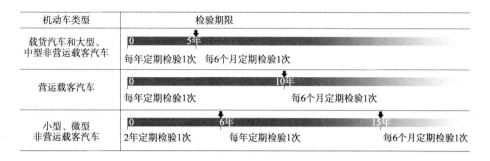

图1-7 不同汽车检验期限

机动车所有人可以在机动车检验有效期满前3个月内申请检验合格标志。对于未检车辆上路会给出30天的宽限期。30天过后,如果车主还没有验车,电子眼将自动记录这类违法行为,将依法对驾驶员进行罚款并扣分。

若出现以下两种情况,不能办理年检:

(1)已注册登记的机动车进行安全技术检验时,机动车行驶证记载的登记内容与该机动车的有关情况不符,或者未按照规定提供机动车第三者责任强制保险凭证的,不予通过检验。

(2)机动车涉及未处理完毕的道路交通安全违法行为和交通事故的。

当资料审核齐全时,检验检测机构工作人员将所有相关信息都登录到计算机上,相关信息也将通过网络的形式传送给业务主管部门。

操作指引

1. 组织方式

(1)场地设施:一体化教室、检验检测机构。

(2)设备设施:登录系统仿真软件、管理体系文件、检测相关视频、作废的检测报表。

2. 操作要求

(1)穿着干净整齐的工作服。

(2)遵守场地安全规定,注意用电安全。

(3)正确核对客户信息。

(4)正确使用登录软件。

任务实施

1. 模拟交接工作

按照交接流程图(图1-8),完成模拟交接工作。

车辆进站
停车
待检区
送检人员递交资料
登录室
资料审查
资料不全回去补
资料录入
交车
引车员交接车凭证给送检人员并提醒带走贵重物品

图 1-8　交接流程图

2. 登录操作流程

(1)当车辆到检验检测机构办理检测业务时,必须进行注册登录,否则不能上线检测,注册登录的中心任务就是为来站检测车辆办理登记业务,车辆到检测车间后通知主控系统,对检测车辆进行检测。单击"注册登录"按钮,进入检测车辆注册队列,如图 1-9 所示。

待检车辆队列
检测流水号
车牌号码
牌照类别
检测类别
状态
外检
修改
删除
全删
刷新
发送
打印
上移
下移
退出

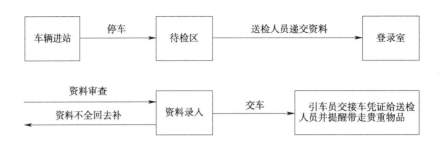

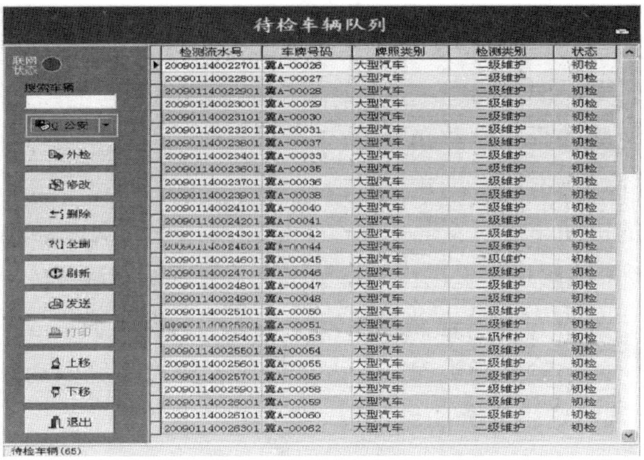

图 1-9　检测车辆注册列队

在对话框右面为全部待检车辆列表,左面为功能操作区域和联网状态。

(2)待检车辆列表。

在列表中显示了车辆的检测流水号、车牌号码、牌照类别、检测类别和状态。

①检测流水号:车辆的唯一编号,由系统自动生成;

②车牌号码:车牌号码规定最多为 12 个字符;

③牌照类别:注册车辆的牌照类别,有大型汽车、轻便摩托车等;

④检测类别:车辆本次的检测类别;

⑤状态:车辆当前状态,有初检、复检等状态。

(3)登录检测车辆。

当在参数设置中的基本参数中的检测模式为"混合"时,可对"交通"和"公安"检测进行注册,当选交通时,则只能对交通检测进行注册,反之当选择为公安检测时,则只能对公安进行注册。

交通注册界面如图 1-10 所示。

机动车检验检测机构概述 项目一

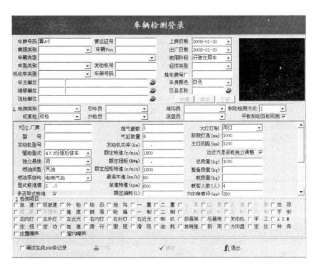

图 1-10　交通注册界面

公安注册界面与交通注册界面的操作方法一致，区别为所需录入的参数数量不一样，交通检测录入参数多，公安检测录入参数少。

在注册登录界面下，需输入的车辆基本信息为：车牌号码、号牌类别、车辆类别、车主单位、注册日期、发动机号码、底盘号码、厂牌型号、营运证号、汽缸数量、排气管数、发动机功率、独立悬架、额定油耗、发动机型号、驱动形式、车身颜色、灯光高度、灯制、所属区域、出厂日期、使用状况、车辆种类、使用性质、燃油类别、发动机功率、发动机型号、总质量、整备质量、形式核准值、远近光是否能独立调整等。

需输入检测车辆本次检测信息为：初复检、检验类别、引车员、外观检查员、动态检查员、下部检查员、排放检测员、制动检测方式（1、2、3、4、5、6）及检测项目。

(4) 车辆基本信息的输入。

在输入车辆基本信息时，首先输入车牌号码，然后选择"牌照类别"，在选择完后，系统自动到车辆基本信息库中调用该车辆，若查找到车辆信息，则调出该车辆的基本信息并显示在屏幕上，否则不显示。

(5) 挂车车牌号输入。

当有挂车与主车一同检测时，需输入挂车牌照号码，输入方法为：先选择"挂车牌号"后的检查框，使其为打钩状态(true)，若取消操作，只需单击"挂车牌号"后的检查框，使其为空状态(false)即可。

若有挂车，则双击后面的编辑框，弹出挂车录入对话框如图 1-11 所示。

输入相应内容即可，挂车的牌照类别编号为 15，用户不能修改，完毕后，按"确定"按钮即可。

(6) 检测项目选择。

对本次检测项目打对钩，表示检测，否则不检测。

(7) 车型选择。

单击"厂牌"按钮，弹出车型选择对话框如图 1-12 所示。

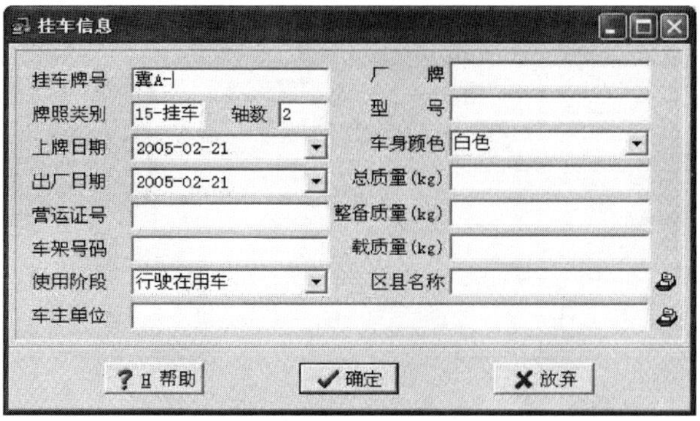

图 1-11 挂车录入对话框

图 1-12 车型选择对话框

选择的顺序为"厂牌"->"型号"->"发动机型号",当选择完毕,双击发动机型号列表,退出,表示选择上;若放弃,可单击"放弃退出"。

(8)日期参数。

对上牌日期和出厂日期的选择操作:单击注册日期的下拉图标,则弹出日期选择框,如图 1-13 所示。

图 1-13 日期选择

单击左部按钮向前移一个月,右部按钮向后移一个月,选择日直接点击即可得所要日期。

(9)制动检测方式。

随着车辆的大型化发展的趋势,按一种检测顺序完成车辆的检测,不能保证每辆检测车辆在检测线上检测时,不出现倒车现象,因此,系统提供六种轴重制动的检测次序,使用时可根据实际情况选择,每种检测次序可利用系统参数设置设定,具体操作参见系统参数设置,默认制动检测方式为方式。

(10)注册结果保存或放弃。

在所有内容都输入完毕后,单击"确认"按钮,表示完成输入,同时将车辆基本信息写入车辆基本信息库中。

若使用磁卡登录则弹出刷卡对话框,这时应将检测磁卡在读卡器上刷一下,若成功则显示"注册成功!",可持卡上线检测。若不成功则可能有以下三种情况:

①本卡在注册车辆信息库已被使用,系统提示"××××××××磁卡,已为车号 ××××××××,牌照类型为 ××××××××使用,请换卡",换一张没有使用磁卡即可。

②注册车辆在注册车辆信息库已存在,系统提示"车号 ××××××××,车辆已注册",可以选择该车辆将其删除。

③刷卡后系统没有反映,有可能是磁卡有问题或刷卡不正确。

单击"退出"按钮,返回主界面。

(11)修改检测车辆登录信息。

当注册车辆有错误需要修改时,可单击"修改"按钮,对指定车辆进行修改,车辆修改对话框的操作与输入注册车辆信息相同,但车牌号码和牌照类别不能修改。

(12)删除检测车辆登录信息。

在注册车辆列表中,选中要删除的注册车辆,单击"删除"按钮,可将指定车辆从注册队列中删除。单击"全删"按钮,则将删除注册队列中的全部注册车辆。

(13)检测车辆上线检测。

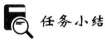 任务小结

(1)机动车检测计算机控制系统分为八大系统:登录系统、调度系统、主控系统、打印系统、监控系统、客户管理系统、维护系统、查询统计系统。

(2)各类机动车的检测周期为:小型、微型非营运载客汽车6年内每2年检验1次;超6年的,每年检验1次;超过15年的,每6个月检验1次。

项目二　车辆人工检验与评价

 项目概述

从发达国家和地区的经验看,随着汽车电子技术的飞速发展,传统的机动车安全技术检验方法难以适应检验工作的实际需要,机动车安全技术检验更多地倾向于检验师负责制,即由具备经验的检验师根据经验和简单的工量具及辅助的仪器设备,定性判断送检机动车的安全技术性能是否符合要求。因此,应注重车辆人工检验培训,切实提升检验水平,以进一步提升机动车安全技术检验水平。

车辆人工检验是最简单的方法,是经验积累的结晶。在机动车检验过程中,车辆唯一性认定及人工检验项目尤为关键,是打击走私、盗抢、非法拼装机动车等违法犯罪行为的第一道防线和有效手段,是机动车安全技术检验最重要的项目之一。根据《机动车安全技术检验项目和方法》(GB 21861—2014)的规定,车辆人工检验主要包括:车辆唯一性、车辆特征参数、车辆外观检查、安全装置检查、底盘动态检验、车辆底盘部件共6个项目;车辆人工检验是对车辆进行仪器设备检验前的一个人工检验项目,主要目的是对车辆的唯一性进行认定,保证线内仪器设备检测数据的准确性及操作过程的安全性。

 主要学习任务

1. 车辆唯一性认定检验与评价
2. 车辆特征参数检查与评价
3. 车辆外观检查与评价
4. 车辆安全装置检查与评价
5. 车辆底盘动态检验与评价
6. 车辆底盘部件检查与评价

学习任务1 车辆唯一性认定检验与评价

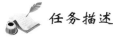
任务描述

在机动车检验过程中,车辆唯一性认定及人工检验项目尤为关键,是打击走私、盗抢、非法拼装机动车等违法犯罪行为的第一道防线和有效手段,是机动车安全技术检验最重要的项目之一。

学习目标

(1)能介绍车辆唯一性检查的内容及相关技术要求。
(2)能完成车辆号牌号码/车类型/车辆品牌/型号的检查。
(3)能完成车辆识别代号(或整车出厂编号)的检查。
(4)能完成发动机号码(或电动机号码)的检查。
(5)能完成车辆车辆颜色和外形的检查。

建议学时:1学时。

知识准备

根据《机动车安全技术检验项目和方法》(GB 21861—2014)的规定,车辆唯一性检查是对机动车的号牌号码/车辆类型、车辆品牌/型号、车辆识别代号(或整车出厂编号)、发动机号码(或电动机号码)、车辆颜色和外形进行核查,核对车辆识别代号(或整车出厂编号)的拓印膜或照片,核查相关证件以确认送检机动车的唯一性。

一、号牌号码/车辆类型/车辆品牌/型号

注册登记检验时,送检机动车的车辆品牌/型号应与机动车出厂合格证(进口车海关货物进口证明书)一致,如图2-1所示。

在用机动车检验时,送检机动车的号牌号码/车辆类型、车辆品牌/型号,应与机动车行驶证签注的内容一致,如图2-2所示。

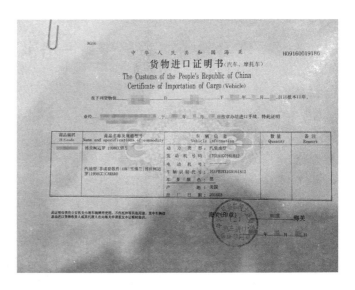

图2-1　机动车出厂合格证/进口车海关货物进口证明书

图2-2　机动车行驶证

二、车辆识别代号(或整车出厂编号)

汽车及半挂车必须具有车辆识别代号,如图2-3所示,其内容和构成应符合《道路车辆 车辆识别代号(VIN)》(GB 16735—2004)的规定,应至少有一个车辆识别代号打刻在车架(无车架的机动车为车身主要承载且不能拆卸的部件)能防止锈蚀、磨损的部位上。乘用车的识别代号应打刻在发动机舱内能防止替换的车辆结构件上,或打刻在车门立柱上,如受结构限制没有打刻空间时也可打刻在右侧除行李舱外的车辆其他结构件上;其他汽车、半挂车和中置轴挂车的车辆识别代号应打刻在前部右侧,如受结构限制也可以打刻在右侧其他车辆结构件上。其他机动车应在相应的易见位置打刻整车型号和出厂编号,型号在前,出厂编号在后,在出厂编号的两端应打刻起止标记。打刻车辆识别代号(或整车型号和出厂编号)的部件不得采用打磨、挖补、垫片等方式处理,从上(前)方观察时打刻区域周边足够大面积的表面不应有任何覆盖物;如有覆盖物该覆盖物的表面应明确标示"车辆识别代号"或"VIN"字样,且覆盖物在不适用任何专用工具的情况下能直接取下(或揭开)及复原,以方便地观察到打刻区域的表面。打刻的车辆识别代号(或整车型号和出厂编号)从上(前)方应易拓印。打刻的车辆识别代号的字母和数字活动字高应不大于等于7.0mm、深度应大于等于0.3mm(乘用车深度应大于等于0.2mm),但摩托车字高应大于等于5.0mm、深度应大于等于0.2mm。打刻的整车型号和出厂编号字高应为10.0mm,深度应大于等于0.3mm。

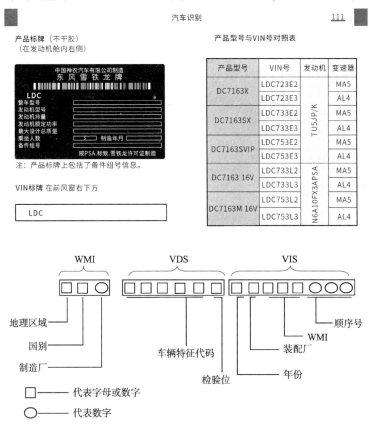

图2-3 车辆铭牌及VIN代码

车辆识别代号(或整车型号和出厂编号)一经打刻不允许更改、变动,并符合《道路车辆 车辆识别代号(VIN)》(GB 16735—2004)的规定。同一车辆机动车的车架(无车架的机动车为车身主要承载且不能拆卸的部件)上,不允许即打刻车辆识别代号,又打刻整车型号和出厂编号;同一辆车上标示的所有车辆识别代号内容应相同。对于2013年3月1日起出厂的乘用车、总质量小于等于3500kg的货车(低速汽车除外),从车外应能清晰地识读到靠近风窗立柱位置的车辆识别代号标识,如图2-4所示。

三、发动机号码(或电动机号码)

发动机型号(图2-5)和出厂编号应打刻(或铸造)在汽缸体上且应能永久保持,在出厂编号的两端应打刻起止标记(没有打刻即止标记的空间时可不打刻);如打刻的发动机型号和出厂编号不易见,则应在发动机易见部位增加能永久保持的发动机型号和出厂编号的标识。纯电动汽车、插电式混合动力汽车、燃料电池汽车和电动摩托车应在主驱动电动机壳体上打刻电动机型号和编号;如打刻的电动机型号和编号被覆盖,应留出观察口,或在覆盖件上增加能永久保持的电动机型号和编号的标识。增加的标识应易见,且非经破坏性操作不能被完整取下。

图 2-4　风窗立柱位置的车辆识别代号

图 2-5　发动机号码图

四、车辆颜色和外形

注册登记检验时,送检机动车的外形应与机动车产品《公告》照片相符,如图 2-6 所示。

图 2-6　《公告》照片

在用机动车检验时,送检机动车的车辆颜色和外形应与机动车行驶证上的车辆照片相符,且不应出现更改车身颜色、改变车厢形状、改变车辆结构等情形,如图 2-7 所示。

进行车辆唯一性认定时,机动车应停放在外观检查场所指定位置,发动机停止转动。应依据机动车整车出厂合格证(含机动车注册登记技术参数表)等证明、凭证,逐一核对送检机动车的车辆类型、厂牌型号、颜色,核对整车 VIN 代码(车架号码)及发动机型号和出厂编号,拓印 VIN 代码(车架号码)并确认 VIN 代码/车架号有无被凿改的痕迹,审查相关技术参数是否符合《机动车运行安全技术条件》(GB 7258—2017)等机动车国家安全技术标准。

图 2-7　核对车辆颜色和外形

发现送检机动车有被盗抢嫌疑,如车辆识别代号(或整车型号和出厂编号)、发动机号码有凿改、挖补、打磨痕迹或垫片、擅自另外打刻等异常情形的,或车辆识别代号(或整车型号和出厂编号)、发动机号码与相关证明、凭证记载不一致的或非法拼装嫌疑时,此次安全技术检验终止,机动车安全技术检验机构及其检验员应详细登记该送检机动车的相关信息并立即向公安机关有关部门报告,等待有关部门核实查处。

操作指引

1. 组织方式

(1)场地设施:检测线。

(2)设备设施:整车一辆、光泽度计、内窥镜、伸缩自发光反光镜、蛇管视频测仪、自动识别车辆识别代号的仪、VIN 码探伤仪、照明工具。

(3)工量具:直钢尺(15cm)、螺丝刀等常用工具。

2. 操作要求

(1)穿着干净整齐的工作服。

(2)遵守场地安全规定,注意用电安全。

(3)正确使用检测仪器。

(4)能够独立完成车辆唯一性检验项目。

任务实施

(1)工、量具应清洁,测量仪器要预热。

(2)按照检验流程,正确使用工、量具及测量仪器。

(3)车辆唯一性检验操作。按照实车填写项目检查方法及相关说明(表 2-1)

项目检查方法及相关说明　　　　　　　　　　表 2-1

序　号	项　　目	检查方法及相关说明
1	号牌号码/车辆类型	
2	车辆品牌/型号	
3	车辆识别代码 (或整车出厂编号)	
4	发动机号码 (或电动机号码)	
5	车辆颜色和外形	

 任务小结

（1）车辆唯一性认定的检验项目：号牌号码/车辆类型、车辆品牌/型号、车辆识别代号（或整车出厂编号）、发动机号码（或电动机号码）、车辆颜色和外形。

（2）送检机动车的车辆品牌/型号应与机动车出厂合格证（进口车海关货物进口证明书）或与机动车行驶证签注的内容一致。

（3）车辆识别代号（或整车型号和出厂编号）、发动机型号和出厂编号、零部件编号、产品标牌、发动机标识等整车标志进行遮盖（遮挡）、打磨、挖补、垫片等处理及凿孔、钻孔等破坏性操作。

（4）机动车的车辆颜色和外形应与机动车行驶证上的车辆照片相符，且不应出现更改车身颜色、改变车厢形状、改变车辆结构等情形。

 不合格原因分析

车辆人工检验的评定取决于检验员的专业知识（包括理论知识、使用知识）、经验等。导致车辆人工检验不合格的原因有：

（1）检验员的专业知识不扎实，导致误判；

（2）检验员量具使用不规范，导致测量误差；

（3）检验员仪器使用不规范，导致测量误差；

（4）车辆本身存在制造或设计缺陷；

（5）车型数据库与公告目录存在差异。

学习任务 2　车辆特征参数检查与评价

 任务描述

根据《机动车安全技术检验项目和方法》（GB 21861—2014）的规定，车辆特征参数检查

是对机动车外廓尺寸、整备质量、核对载人数等车辆主要特征参数进行检查,以确认与机动车国家安全技术标准、机动车产品公告、机动车出厂合格证、机动车行驶证等技术资料凭证的符合性。

学习目标

(1)能介绍车辆特征参数检查的内容及相关技术要求。
(2)能完成车辆外廓尺寸及轴距测量。
(3)能对车辆整备质量进行评价。
(4)能准确核对车辆载人数。
(5)能对载货货车栏板高度进行测量。
(6)能正确核对后轴钢板弹簧数量及形式。
(7)能准确判别客车应急出口配备要求。
(8)能准确判别客车乘客通道引道是否符合相关要求。
(9)能准确测量载货货厢(货箱)尺寸。
建议学时:1学时。

知识准备

车辆特征参数检查是打击非法改装、拼装机动车和套用《公告》生产等违法违规行为的重要手段,也是确保车辆生产一致性的重要举措。机动车安全技术检验时对车辆特征参数进行检查是严格机动车源头管理、预防道路交通事故的客观要求。

车辆特征参数检查时,发现送检机动车的车辆特征参数与《机动车运行安全技术条件》(GB 7258—2017)、《汽车、挂车及汽车列车外廓尺寸、轴荷及质量限值》(GB 1589—2016)等机动车国家安全技术标准不符合的,应拍照、录像固定证据,详细登记送检机动车的车辆类型、品牌/型号、车辆识别代号(或整车型号和出厂编号)、发动机号码、整车生产厂家、生产日期等信息,通过机动车安全技术检验监管系统上报。

一、外廓尺寸

机动车外廓尺寸不得超出《机动车运行安全技术条件》(GB 7258—2017)、《汽车、挂车及汽车列车外廓尺寸、轴荷及质量限值》(GB 1589—2016)规定的限值,注册登记检验时,外廓尺寸应与机动车产品公告、机动车出厂合格证相符,且误差满足:汽车(三轮汽车除外)、挂车不超过 ±1% 或 ±50mm,三轮汽车、摩托车不超过 ±3% 或 ±50mm。在用机动车检验时,重中型货车、挂车的外廓尺寸应与机动车行驶证签注的内容相符,且误差不超过 ±2% 或 ±100mm。外廓尺寸测量如图2-8所示。

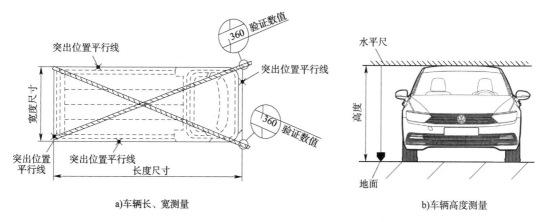

a) 车辆长、宽测量　　　　　　　　b) 车辆高度测量

图2-8　外廓尺寸测量

二、轴距

注册登记检验时,机动车的轴距应与机动车产品公告、机动车出厂合格证相符,且误差不超过 ±1% 或 ±50mm。在用机动车检验时,机动车的轴距应与机动车登记信息相符,且误差不超过 ±1% 或 ±50mm。轴距测量如图2-9所示。

三、轴荷和整备质量

注册登记检验时,机动车的整备质量应与机动车产品公告、机动车出厂合格证相符,且误差满足:重中型货车、挂车、专项作业车不超过 ±3% 或 ±500kg,轻型、微型载货汽车不超过 ±3% 或 ±100kg,三轮汽车不超过 ±5% 或 ±100kg,摩托车不超过 ±10kg。整备质量测量如图2-10所示。

图2-9　轴距测量　　　　　　　　图2-10　整备质量测量

四、核定载人数

机动车的核定载人数应符合《机动车运行安全技术条件》(GB 7258—2017)中的核载规

定,目测座椅宽度、深度及驾驶室内部宽度等参数偏小时,使用量具测量相关尺寸。注册登记检验时,机动车的核定载人数应与机动车产品公告、机动车出厂合格证相符。在用机动车检验时,机动车的座位(铺位)数应与机动车行驶证 签注的内容一致。核对核定载人数如图 2-11 所示。

 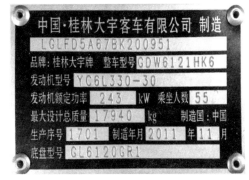

图 2-11　核定载人数核对

五、栏板高度

机动车栏板高度不得超出《汽车、挂车及汽车列车外廓尺寸、轴荷及质量限值》(GB 1589—2016)中规定的限值,挂车及二轴货车的货箱栏板高度不得超过 600mm,二轴自卸车、三轴及三轴以上货车的货箱栏板高度不得超过 800mm,三轴及三轴以上自卸车的货箱栏板高度不得超过 1500mm。

注册登记检验时,载货汽车的栏板高度应与机动车产品公告、机动车出厂合格证、驾驶室两侧喷涂的栏板高度数值相符,且误差不超过 ±1% 或 ±50mm。

在用机动车检验时,载货汽车栏板高度应与机动车登记信息、驾驶室两侧喷涂的栏板高度数值相符,且误差不超过 ±2% 或 ±50mm。

栏板高度检查如图 2-12 所示。

图 2-12　栏板高度检查

六、后轴钢板弹簧片数

注册登记检验时,载货汽车、挂车、专项作业车的后轴钢板弹簧片数应与机动车产品公告、机动车出厂合格证一致,且不应有明显"增宽、增厚"情形。

在用机动车检验时,载货汽车、挂车、专项作业车的后轴钢板弹簧片数应与机动车登记信息一致,且不应有明显"增宽、增厚"情形。后轴钢板弹簧片数核对如图 2-13 所示。

 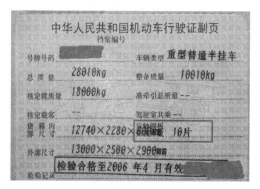

a) 后轴钢板弹簧　　　　　　　　　　b) 车辆行驶证上钢板弹簧标注

图 2-13　后轴钢板弹簧片数核对

七、客车应急出口

客车应急出口的数量、标志应符合《机动车运行安全技术条件》(GB 7258—2017)中的相关规定;客车应设置与其乘坐人数相匹配数量的乘客门、应急窗。车长大于等于 6m 的客车(乘坐人数小于 20 的专用客车除外),如车身右侧仅有一个乘客门且在车身左侧未设置驾驶人门,应在车身左侧或后部设置应急门。车长大于 7m 的客车(乘坐人数小于 20 的专用客车除外)应设置撤离舱口。卧铺客车的卧铺布置为上、下双层时,侧窗洞口应为上下两层。

公路客车、旅游客车和未设置乘客站立区的公共汽车,车长大于 9m 时车身左右两侧应至少各配置 2 个外推式应急窗并应在车身左侧设置一个应急门,车长大于 7m 且小于等于 9m 时,车身左右两侧应至少各配置 1 个外推式应急窗;外推式应急窗玻璃的上方中部或右角应标记有击破点标记,邻近处应配置应急锤。其他车长大于 9m 的未设置乘客站立区的客车,车身左右两侧至少各有 2 个击碎玻璃式的应急窗(车身两侧击碎玻璃式的应急窗总数小于等于 4 个时为所有击碎式的应急窗)具有自动破窗功能的应视为满足要求。

注册登记检验时,目测应急出口尺寸偏小的,还应测量应急出口的尺寸参数,尺寸参数应符合《机动车运行安全技术条件》(GB 7258—2017)、《客车结构安全要求》(GB 13094—2017)等相关标准的规定。图 2-14 所示为客车应急出口类型。

八、客车乘客通道和引道

客车的通道应无明显通行障碍,通向应急门的引道宽度应符合《机动车运行安全技术条件》(GB 7258—2017)中的相关规定。注册登记检验时,目测通道、引道偏窄或高度不符合要求时,还应使用通道、引道测量装置检查,应符合《机动车运行安全技术条件》(GB 7258—2017)、《客车结构安全要求》(GB 13094—2017)、《专用校车安全技术条件》(GB 24407—2012)等相关标准的规定。客车乘客通道和引道如图 2-15 所示。

图 2-14　客车应急出口类型

a)客车通道　　　　　　　　　　　　b)客车通道和引道测量装置

图 2-15　客车乘客通道和引道

九、货厢(货箱)

根据《机动车运行安全技术条件》(GB 7258—2017)的要求,货厢(货箱)应安装牢固可靠,且在设计和制造上不应设置有货厢(货箱)加高、加长、加宽的结构、装置货厢(货箱)应安装牢固可靠,且在设计和制造上不应设置有货厢(货箱)加高、加长、加宽的结构或装置(如"加长、加高、加宽货厢""拆除厢式货车顶盖""拆除仓栅式货车顶棚杆")。货箱或其他载货装置,其构造应保证安全、稳妥地装载货物,栏板和底板应规整且具有足够的强度。集装箱运输车和集装箱运输半挂车的构造应保证集装箱运输过程中始终安全、稳妥地固定在车辆上。箱式货车和仓栅式货车如图 2-16 所示。

a)箱式货车　　　　　　　　　　　　b)仓栅式货车

图 2-16　箱式货车和仓栅式货车

📖 **操作指引**

1. 组织方式

(1) 场地设施:检测线。

(2) 设备设施:整车1辆、外廓尺寸自动测量仪、通道、引道测量装置、激光测距仪、地磅、照明工具。

(3) 工量具:标尺、水平尺、铅锤、直钢尺(15cm)、卷尺(20m)常用工具等。

2. 操作要求

(1) 穿着干净整齐的工作服。

(2) 遵守场地安全规定,注意用电安全。

(3) 正确使用检测仪器。

(4) 能够规范完成车辆特征参数检查项目。

 任务实施

(1) 工、量具应清洁,测量仪器要预热。

(2) 按照检验流程,正确使用工、量具及测量仪器。

(3) 车辆特征参数检查作业,按照实车填写项目检查方法及相关说明(表2-2)。

项目检查方法及相关说明　　　　表2-2

序　号	项　目	检查方法及相关说明
1	外廓尺寸	
2	轴距	
3	整备质量	
4	核定载人数	
5	栏板高度	
6	后轴钢板弹簧片数	
7	客车应急出口	
8	客车乘客通道和引道	
9	货厢(货箱)	

🔍 **任务小结**

(1) 车辆特征参数检查的项目:外廓尺寸、轴距、整备质量、核定载人数、核定载质量、栏板高度、后轴钢板弹簧片数、客车应急出口、客车乘客通道和引道、货厢。

(2) 机动车外廓尺寸不得超出《机动车运行安全技术条件》(GB 7258—2017)、《汽车、挂车及汽车列车外廓尺寸、轴荷及质量限值》(GB 1589—2016)规定的限值,注册登记检验时,外廓尺寸应与机动车产品公告、机动车出厂合格证相符,且误差满足:汽车(三轮汽车除外)、挂车不超过±1%或±50mm,三轮汽车、摩托车不超过±3%或±50mm,重中型货车、挂车的外廓尺寸应与机动车行驶证签注的内容相符,且误差不超过±2%或±100mm。

(3)机动车轴距测量:机动车的轴距应与机动车产品公告、机动车出厂合格证、机动车登记信息相符,且误差不超过±1%或±50mm。

(4)整备质量测量:注册登记检验时,机动车的整备质量应与机动车产品公告、机动车出厂合格证相符,且误差满足:重中型货车、挂车、专项作业车不超过±3%或±500kg,轻型、微型载货汽车不超过±3%或±100kg,三轮汽车不超过±5%或±100kg,摩托车不超过±10kg。

(5)机动车的核定载人数应符合《机动车运行安全技术条件》(GB 7258—2017)中的核载规定,目测座椅宽度、深度及驾驶室内部宽度等参数偏小时,使用量具测量相关尺寸。注册登记检验时,机动车的核定载人数应与机动车产品公告、机动车出厂合格证相符。在用机动车检验时,机动车的座位(铺位)数应与机动车行驶证签注的内容一致。

(6)机动车栏板高度不得超出《汽车、挂车及汽车列车外廓尺寸、轴荷及质量限值》(GB 1589—2016)中规定的限值,挂车及二轴货车的货箱栏板高度不得超过600mm,二轴自卸车、三轴及三轴以上货车的货箱栏板高度不得超过800mm,三轴及三轴以上自卸车的货箱栏板高度不得超过1500mm。

(7)机动车后轴钢板弹簧片检查:载货汽车、挂车、专项作业车的后轴钢板弹簧片数应与机动车产品公告、机动车出厂合格证、机动车登记信息一致,且不应有明显"增宽、增厚"情形。

(8)客车应急出口的数量、标志应符合《机动车运行安全技术条件》(GB 7258—2017)中的相关规定;客车应设置与其乘坐人数相匹配数量的乘客门、应急窗。测量应急出口的尺寸参数,尺寸参数应符合GB 7258、GB 13094等相关标准的规定。

(9)客车的通道应无明显通行障碍,通向应急门的引道宽度应符合《机动车运行安全技术条件》(GB 7258—2017)中的相关规定。注册登记检验时,目测通道、引道偏窄或高度不符合要求时,还应使用通道、引道测量装置检查,应符合《机动车运行安全技术条件》(GB 7258—2017)、《客车结构安全要求》(GB 13094—2017)、《专用校车安全技术条件》(GB 24407—2012)等相关标准的规定。

(10)货厢(货箱)应安装牢固可靠,且在设计和制造上不应设置有货厢(货箱)加高、加长、加宽的结构或装置(如"加长、加高、加宽货厢""拆除厢式货车顶盖""拆除仓栅式货车顶棚杆")。

 不合格原因分析

车辆人工检验的评定取决于检验员的专业知识(包括理论知识、使用知识)、经验等。导致车辆人工检验不合格的原因有:

(1)检验员的专业知识不扎实,导致误判;

(2)检验员量具使用不规范,导致测量误差;

(3)检验员仪器使用不规范,导致测量误差;

(4)车辆本身存在制造或设计缺陷;

(5)车型数据库与公告目录存在差异。

学习任务 3 车辆外观检查与评价

任务描述

车辆外观检查主要采用目视和操作的检查方法进行,目测有疑问时,可使用相关的工量具及仪器配合检查。

学习目标

(1)能介绍车辆外观检查的内容及相关技术要求。
(2)能正确使用车辆外观检查所需的工量具及仪器。
(3)能对车辆整备质量进行评价。
(4)能准确核对车辆载人数。
(5)能正确描述车身外观检验的项目及评价要求。
(6)能根据车辆类型和使用性质的不同,清晰判别外观标识、标注和标牌的要求。
(7)能描述车辆外部照明和信号装置配备要求及功能。
(8)能准确判别机动车轮胎是否符合相关要求。
(9)能准确判别机动车号牌及号牌安装是否符合相关要求。
(10)能准确判别机动车是否出现加装/改装灯具。
建议学时:2 学时。

知识准备

根据《机动车安全技术检验项目和方法》(GB 21861—2014)的规定,车辆外观检查主要针对车身外观、外观标识、标注和标牌、外部照明和信号装置、轮胎、号牌及号牌安装、加装/改装灯具进行检查。车辆外观检查采用目视和操作的检查方法,并根据《机动车安全技术检验项目和方法》(GB 21861—2014)中规定的配备设备,开展检查工作。

车辆外观检查配备的工量具及设备见表2-3。车辆车身及外观示意图如图2-17所示。

车辆外观检查配备的工量具及设备图表　　　　　　　　　　　　　　　　　　表2-3

序　号	检验设备	主　要　用　途
1	检验职能终端(PDA)	用于拍摄检验照片(或视频)、记录检验信息、判断检验结果、查询《公告》等
2	外廓尺寸自动测量仪	自动测量重中型货车、专项作业车、挂车等的外廓尺寸
3	钢卷尺	用于测量机动车外廓尺寸、轴距、栏板高度、侧面及后下部防护装置等尺寸参数测量
4	钢直尺	用于测量主要零部件尺寸
5	透光率计	用于测量车窗玻璃的透光率
6	通道、引道测量装置	用于检查客车乘客通道和引道
7	轮胎花纹深度尺	用于测量机动车轮胎胎冠上花纹深度
8	轮胎气压表	用于测量机动车轮胎气压，已满足检查要求
9	秒表	用于测量坡道驻车时停车时间等
10	制造踏板力计	用于测量液压制动踏板力
11	制动操纵力计	用于测量驻车操纵力
12	转向盘转向力－转向角检测仪	用于测量转向力、转向盘自由间隙
13	逆反射系数测试仪	用于检测车身反光标识、车辆尾部标志板的逆反射性能
14	行驶记录仪检验装置	用于检查分析汽车行驶记录仪工作是否正常，接线是否规范，通信协议是否符合相关标准要求
15	内窥镜(放大镜)	用于对车辆识别代号、发动机号打磨、凿改、挖补、垫片、重新打刻等异常情况；也可用于机动车行驶证等证据或资料的真伪识别
16	强光手电	用于车辆识别代号、发动机号、底盘检查、发动机舱检查的辅助照明
17	螺丝刀	用于车辆识别代码、发动机号的查看和查验，清除车辆识别代号附件的漆、油污或覆盖物。防止打磨、凿改、挖补、垫片、重新打刻等异常情形
18	铅锤	用于辅助测量机动车外廓尺寸
19	水平尺	用于辅助测量机动车外廓尺寸的过渡
20	手锤	辅助底盘部件检查

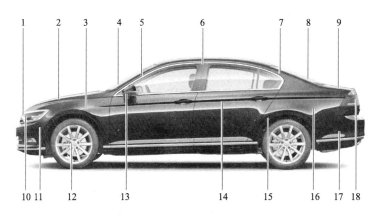

图 2-17　车辆车身及外观示意图

1-前格栅;2-发动机罩;3-前翼子板;4-前风窗玻璃;5-A 柱;6-B 柱;7-C 柱;8-后风窗玻璃;9-行李舱盖;10-前照灯;11-前保险杠;12-轮毂;13-后视镜;14-腰线;15-轮眉;16-后翼子板;17-后保险杠;18-后灯

一、车身外观

1. 车身外观

车身外观应满足以下要求:

（1）保险杠、间接视野装置等部件应完好,并符合《机动车运行安全技术条件》(GB 7258—2017)中的规定。

汽车外观检测项目及流程

（2）风窗玻璃应齐全,驾驶人视野部位应无裂纹、破损,所有风窗玻璃不应张贴镜面反光遮阳膜,并符合《机动车运行安全技术条件》(GB 7258—2017)中 11.5.6、11.5.7、11.5.8、11.5.9 的规定。

（3）车体应周正,车体外缘左右对称部位高度差应符合《机动车运行安全技术条件》(GB 7258—2017)中 4.8.2 的相关规定;车体应周正,车体外缘左右对称部位高度差应小于等于 40 mm。

（4）车身外部不应有明显的镜面反光现象,不应有任何可能触及行人、骑自行车人等交通参与者的部件、构件,不应有任何可能使人致伤的尖角、锐边等凸起物,并符合《机动车运行安全技术条件》(GB 7258—2017)中 11.1.1、11.4 的规定。

（5）车身(车厢)及其漆面不应有明显的锈蚀、破损现象。并符合《机动车运行安全技术条件》(GB 7258—2017)中 11.1.3 的规定。

（6）喷涂、黏贴的标识或车身广告不应影响安全驾驶。车身外部设有广告屏(箱)的汽车和挂车,应保证广告屏(箱)在车辆行驶状态下处于关闭状态。

2. 其他

根据车辆类型和使用性质不同,还应满足:

（1）货车和挂车的货厢安装应牢固,其栏板和底板应规整,强度满足使用要求,装置的安全架应完好无损。

（2）罐式危险货物运输车辆的罐体顶部如有安全阀、通气阀组件以及检查孔、装卸料阀门、管道等附件设备设施,应按《机动车运行安全技术条件》(GB 7258—2017)中12.12.2要求设置倾覆保护装置。

(3)校车和车长大于7.5m的其他客车不应设置有车外顶行李架;设置有车外顶行李架的客车,其车外顶行李架长度不超过车长的1/3且高度不超过300mm。

(4)前风窗玻璃驾驶人视区部位及驾驶人驾驶时用于观察外后视镜的部位的可见光透射比应大于等于70%。所有车窗玻璃不得张贴镜面反光遮阳膜。公路客车、旅游客车、设有乘客站立区的客车、校车和发动机中置且宽高比小于等于0.9的乘用车所有车窗玻璃的可见光透射比均应大于等于50%,且除符合《客车用安全标志和信息符号》(GB 30678—2014)规定的客车用安全标志和信息符号外,不得张贴有不透明和带任何镜面反光材料的色纸或隔热纸。客车、旅居车、专项作业车乘坐区的两侧应设置车窗。对于厢式货车和封闭式货车,驾驶室(区)两旁应设置车窗,货厢部位不得设置车窗(但驾驶室[区]内用于观察货物状态的观察窗除外)。装有电动窗(包括电动天窗)的乘用车,其控制装置应确保车窗玻璃在运动过程中能在任意位置可靠停住或遇障碍可自动下降(缩回)。专用校车乘客区侧窗结构应符合《专用校车安全技术条件》(GB 24407—2012)的相关规定(注:车窗玻璃包括侧窗玻璃和前、后风窗玻璃,但不包括驾驶人旁侧窗下围的装饰玻璃)。

(5)机动车(挂车除外)应在左右至少各设置一面主后视镜,乘用车、总质量小于等于3500kg的货车和货车底盘改装的专项作业车还应设置一面内视镜,但为满足专用功能的要求安装了遮挡内视镜视野范围的非玻璃材料的装置时,可不设置内视镜;总质量大于3500kg的货车和货车底盘改装的专项作业车还应在右侧至少设置一面补盲后视镜,但驾驶室/区高度无法满足镜面或其托架的任何部分离地高度大于等于1800mm时,不应设置补盲后视镜;总质量大于7500kg的货车和货车底盘改装的专项作业车,以及在车辆右侧设置了补盲后视镜的总质量大于3500kg且小于等于7500kg的货车和货车底盘改装的专项作业车,还应在左右两侧至少各设置一面广角后视镜。汽车及车身部分或全部封闭驾驶人的摩托车,设置有符合《机动车辆间接视野装置性能和安装要求》(GB 15084—2013)规定的其他间接视野装置(如摄影/监视装置)时,应视为满足要求。专用校车应保证驾驶人能看清乘客门关闭后乘客门车外附近的情况及后窗玻璃后下方地面上长3.6m、宽2.5m范围内的情况,并且在正常驾驶状态下能通过内视镜观察到车内所有乘客区。对于汽车列车,当所牵引挂车的宽度超过牵引车宽度时,牵引车应加装后视镜加长架(延长支架)以保证其后视镜的视野仍满足要求。

车长大于等于6m的平头载客汽车及总质量大于7500kg的平头货车和平头货车底盘改装的专项作业车,应在车前至少设置一面前视镜或相应的监视装置,以保证驾驶人能看清风窗玻璃前下方长1.5m左侧驾驶室最外点平行于车辆纵向中心线,右侧为车辆纵向中心线向右1.5m宽范围内的情况,但驾驶室/区高度无法满足前视镜或其托架的任何部分离地高度大于等于1800mm时,不应设置前视镜。车外后视镜和前视镜应易于调节,并能有效保持其位置。安装在外侧距地面1.8m以下的后视镜,当行人等接触该镜时,应具有能缓和冲击的功能。教练车(三轮汽车除外)及自学用车应安装有符合规定的辅助后视镜,以使教练员能有效观察到车辆两侧及后方的交通状态。

摩托车(车身部分或全部封闭驾驶人的摩托车除外)后视镜的性能和安装要求应符合《摩托车和轻便摩托车后视镜的性能和安装要求》(GB 17352—2010)的规定,轮式拖拉机运输机组后视镜的性能和安装要求应符合《拖拉机　安全要求　第1部分:轮式拖拉机》(GB 18447.1—2008)的规定。

(6)货车和挂车的载货部分不应设计成可伸缩的结构或设置有乘客座椅,但中置轴车辆运输列车的主车后部的延伸结构除外。

(7)乘用车自行加装的前后防撞装置及货运机动车自行加装的防风罩、水箱、工具箱、备胎架,应不影响安全。

(8)三轮汽车和摩托车的前、后减振器、转向上下联板和方向把不应有变形和裂损,左右后视镜应齐全有效,座垫、扶手(或拉带)、脚蹬和挡泥板应齐全,且牢固可靠;对无驾驶室的三轮汽车,货箱前部应安装有高出驾驶员座垫平面至少800 mm的安全架。

3. 注册登记检验

注册登记检验时,送检机动车还应满足以下要求:

(1)车身前部外表面的易见部位上应至少装置一个能永久保持,且与车辆品牌/型号相适应的商标或厂标。

(2)货车货箱(自卸车、装载质量1000 kg以下的货车除外)前部应安装有比驾驶室高至少70 mm的安全架。

(3)客车、旅居车、专项作业车乘坐区的两侧应设置车窗。厢式货车和封闭式货车驾驶室(区)两旁应设置有车窗,货厢部位不得设置车窗(但驾驶室[区]内用于观察货物状态的观察窗除外)。

(4)乘用车、旅居车、专用校车和车长小于6m的其他客车的前后部应设置有保险杠,货车(三轮汽车除外)应设置有前保险杠。

(5)汽车(三轮汽车除外)的转向盘应设置于左侧,其他机动车的转向盘不应设置于右侧;专项作业车、教练车按需要可设置左右两个转向盘。装有两个后轮、有驾驶室的正三轮摩托车如使用转向盘转向,则转向盘中心立柱距车辆纵向中心平面的水平距离应小于等于200mm;其他摩托车不应使用转向盘转向。

二、外观标识、标注和标牌

1. 基本要求

根据车辆类型和使用性质的不同,外观标识、标注和标牌应满足以下要求:

(1)所有货车(多用途货车除外)和专项作业车(消防车除外)均应在驾驶室(区)两侧喷涂总质量(半挂牵引车为最大允许牵引质量);其中,栏板货车和自卸车还应在驾驶室两侧喷涂栏板高度(图2-18),罐式汽车和罐式挂车(罐式危险货物运输车库里除外)还应在罐体两侧喷涂罐体容积及允许装运货物的种类(图2-19)。栏板挂车应在车厢两侧喷涂栏板高度。冷藏车还应在外部两侧易见部位上喷涂或粘贴明显的"冷藏车"字样和冷藏车类别的英文字母。喷涂的中文及阿拉伯数字应清晰,高度应大于等于80mm。

注：多用途货车是指具有长头车身和驾驶室结构、核定乘坐人数小于等于5人（含驾驶人）、驾驶室高度小于等于2100mm、货箱栏板上端离地高度小于等于1500mm、最大设计总质量小于等于3500kg的货车。

图2-18　总质量及栏板高度标注　　　　图2-19　罐式危险货物运输车罐体喷涂式样

（2）总质量大于等于4500kg的货车（半挂牵引车除外）和货车底盘改装的专项作业车（消防车除外）、总质量大于等于3500kg的挂车，以及车长大于等于6m的客车均应在车厢后部喷涂或粘贴/放置放大的号牌号码（图2-20），放大的号牌号码字样应清晰。

图2-20　喷涂/粘贴的放大号

（3）所有客车（专用校车和设有乘客站立区的客车除外）及发动机中置且宽高比小于等于0.9的乘用车应在乘客门附近车身外部易见位置，用高度大于等于100mm的中文及阿拉伯数字标明该车提供给乘员（包括驾驶人）的座位数（图2-21）。具有车底行李舱的客车，应在行李舱打开后前部易见位置设置能永久保持的、标有所有行李舱可运载的最大行李总质量的标识。

（4）教练车应在车身两侧及后部喷涂有高度大于等于100mm的"教练车"字样（图2-22）；

（5）气体燃料汽车、两用燃料汽车和双燃料汽车应按《天然气汽车和液化石油气汽车标志》（GB/T 17676—1999）的规定标注其使用的气体燃料类型（图2-23）；

（6）消防车、救护车、工程救险车和警车的车身颜色应符合相关国家标准或行业标准，警车、消防车、救护车、工程救险车安装使用的标志灯具应齐全、有效，其他机动车不得喷涂、安装、使用上述车辆专用的或者与其相类似的标志图案、警报器或者标志灯具（图2-24）。

图 2-21　客车乘员数标注

图 2-22　教练车式样

图 2-23　气体燃料汽车

警车

救护车

工程救险车

图 2-24　警车、消防车、救护车及工程救险车式样

(7)残疾人机动车应在车身前部和后部分别设置残疾人机动车专用标志(图 2-25)。

图 2-25　残疾人机动车专用标志

(8)最大设计时速小于 70km/h 的汽车(低速汽车、设有乘客站立区的客车除外)应在车身后部喷涂/粘贴表示最大设计时速(单位:km/h)的阿拉伯数字;阿拉伯数字的高度应大于等于 200mm,外围应用尺寸相匹配的红色圆圈包围。

2. 其他

注册登记检验时,标牌还应满足以下要求:

(1)标牌应固定可靠、标注的内容应清晰规范,并符合 GB 7258 的规定,如图 2-26 所示。

(2)非插电式混合动力汽车的标牌还应标明电动动力系统最大输出功率;纯电动汽车、插电式混合动力汽车、燃料电池汽车还应标明主驱动电机型号和功率,动力电池工作电压和容量,储氢容器形式、容积、工作压力(燃料电池汽车)。

危险货物运输车的标志应符合《道路运输危险货物车辆标志》(GB 13392—2005)的规定;其中,道路运输爆炸品和剧毒化学品车辆还应符合《道路运输爆炸品和剧毒化学品车辆安全技术条件》(GB 20300—2006)的规定。罐式危险货物运输车辆的罐体或与罐体焊接的支座的右侧应有金属的罐体铭牌,罐体铭牌应标注唯一性编码、罐体设计代码、罐体容积等信息。

图 2-26　标牌

三、外部照明和信号装置

对车辆灯具、信号装置、反射器等是否齐全完好进行目测检查,在进行该项检验时要求,最好是两位检验人员配合或由驾驶员配合进行。机动车的灯具应安装牢靠、完好有效,不允许因机动车振动而松脱、损坏、失去作用或改变光照方向;所有灯光的开关应安装牢固、开关自如,不允许因机动车振动而自行开关。开关的位置应便于驾驶员操纵。除转向信号灯、危险警告信号及消防车、救护车、工程救险车和警车安装使用的标志灯具外,其他外部灯具不允许闪烁。道路运输危险货物车辆的标志应符合《道路运输危险货物车辆标志》(GB 13392—2005)的规定。消防车、救护车、工程救险车和警车安装使用的警报器应符合《车用电子报警器》(GB 8108—2014)的规定,安装使用的标志灯具应符合《警车、消防车、救护车、工程救险车标志灯具》(GB 13954—2009)的规定,警报器和标志灯具应固定可靠。对称设置、功能相同的灯具亮度不应有明显差异,光色应符合《汽车及挂车外部照明和光信号装置的安装规定》(GB 4785—2007)有关规定。

(1)前位灯/前转向信号灯/前部危险警告信号灯/示廓灯/牵引杆挂车标志灯等前部照明和信号装置目视检查是否齐全完好,前照灯远近光变换自如,不允许左、右的远、近光灯交叉开亮,近光不得眩目,近光光形应有明显的明暗截止线。对全挂车,还应检查挂车标志灯是否完好。空载高大于3.0m或宽度大于2.1m的机动车均应安装示廓灯。对远光光束不能单独调整的前照灯应进行近光光束明暗截止线或明暗截止线转角(或中点)检查,若被检前照灯近光光束没有明显的明暗截止线,或明暗截止线转角(或中点)的照射位置等于或高于远光光束中心的照射位置时,该前照灯不合格,应更换合格前照灯。因为如果进行远近光束调整,远光调整好后近光会不合格,近光调整好后远光又会不合格,这样必须更换前照灯才能解决这个问题。

(2)后位灯/后转向信号灯等后部照明装置及后反射器:目视检查应齐全完好,制动灯的发光强度应明显大于后位灯的发光强度。总质量大于等于4500kg的货车、专项作业车和挂车,每一个后位灯、后转向信号灯和制动灯的透光面面积应大于等于一个80mm直径圆的面积;如属非圆形的,透光面的形状还应能将一个40mm直径的圆包含在内。

(3)侧转向信号灯、侧标志灯和侧反射器:目视检查机动车的侧转向信号灯白天在距30m处应能观察到其工作状况;挂车及车长大于6 m的机动车应安装侧反射器和侧标志灯。

(4)机动车不应安装遮挡外部照明和信号装置透光面的装置,检查车辆外部照明和信号装置的数量、位置、光色是否符合相关标准的规定,必要时应用量具测量相关尺寸参数。《汽车及挂车外部照明和光信号装置的安装规定》(GB 4785—2007)第2号修改单中有关汽车照明和信号装置的光色规定见表2-4。

汽车照明和信号装置的光色规定　　　　　　表2-4

灯具名称	光　色	灯具名称	光　色
远光灯	白色	非三角形前回复反射器(即白色或无色回复反射器)	与入射光相同
近光灯	白色	非三角形侧回复反射器	琥珀色。若与后位灯、示廓灯、后雾灯、制动灯或最后面的红色侧标志灯组合,或共有透光面,则可以为红色

续上表

灯具名称	光　色	灯具名称	光　色
转向信号灯	琥珀色	危险警告信号	琥珀色
制动灯	红色	前雾灯	白色或黄色
牌照灯	白色	后雾灯	红色
前位灯	白色	倒车灯	白色
后位灯	红色	驻车灯	前面白色,后面红色。若与侧转向信号灯、侧标志灯混合,则为琥珀色
非三角形后回复反射器	红色	示廓灯	前面白色,后面红色
三角形后回复反射器	红色	侧标志灯	琥珀色。若与后位灯、后示廓灯、后雾灯、制动灯组合,或复合或混合,或与后回复反射器组合或共有透光面,则最后面的侧标志灯可以为红色

四、轮胎检查

轮胎是影响运行安全的重要部件,如图2-32所示。《机动车运行安全技术条件》(GB 7258—2017)中对轮胎检验专门作了规定。检查轮胎型号,胎冠花纹深度,特别注意检查速度等级标记,应符合出厂规定,否则此次安全技术检验终止。胎冠花纹深度要求:乘用车和挂车轮胎胎冠上花纹深度不允许小于1.6mm;摩托车轮胎胎冠花纹上的花纹深度应大于等于0.8mm;其他机动车转向轮的胎冠花纹深度不允许小于3.2mm;其余轮胎胎冠花纹深度不允许小于1.6mm,轮胎胎面磨损标志应可见。公路客车、旅游客车和校车的所有车轮及其他机动车的转向轮不应装用翻新的轮胎。乘用车用轮胎应有胎面磨耗标志。必要时用轮胎花纹深度计检验。检查轮胎充气压力应符合规定(必要时用轮胎气压表测量),否则应调整到规定气压后再进行其他项目的检验。轮胎的检查如图2-27所示。

1. 轮胎应满足的要求

(1)同轴两侧应装用同一型号、规格和花纹的轮胎,轮胎螺栓、半轴螺栓应齐全、紧固;轮胎规格应与机动车产品公告和机动车出厂合格证(对于在用机动车检验时为机动车登记信息)相符;

(2)轮胎的胎面、胎壁不应有长度超过25mm或深度足以暴露出轮胎帘布层的破裂和割伤及其他影响使用的缺损、异常磨损和变形。

2. 注册登记检验时,送检机动车还应满足的要求

(1)专用校车应装用无内胎子午线轮胎;

(2)危险货物运输车及车长大于9m的其他客车应装用子午线轮胎;发动机中置且宽高比大于等于0.9的乘用车不应使用轮胎名义宽度小于等于155mm规格的轮胎。设置了车内随行物品存放区的公路客车的后轮若采用单胎,则后轮的轮胎名义宽度应大于等于 195mm。

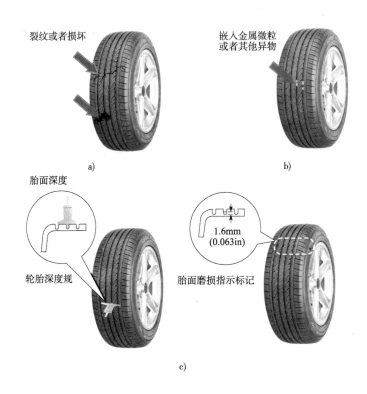

图 2-27 轮胎的检查

(3)使用小规格备胎的小型、微型载客汽车,其备胎附近明显位置(或其他适当位置)应装置有能永久保持的、提醒驾驶人正确使用备胎的标识,标识的相关提示内容应有中文说明。

五、号牌及号牌安装

机动车号牌字符、颜色、安装等应符合《中华人民共和国机动车号牌》(GA 36—2014)的规定,机动号牌专用固封装置应符合《机动车号牌专用固封装置》(GA 804—2008)的规定。号牌及号牌安装如图 2-28 所示。

图 2-28 号牌及号牌安装

1. 送检机动车号牌及号牌安装应满足的要求

(1)机动车号牌应齐全,表面应清晰、整齐、平滑、光洁、着色均匀,不应有明显的皱纹、气泡、颗粒杂质等缺陷或损伤;

(2)机动车应使用机动车号牌专用固封装置固定号牌,固封装置应齐全、安装牢固;

(3)使用号牌架辅助安装时,号牌架内侧边缘距离机动车登记编号字符边缘应大于5mm,不应使用可拆卸号牌架和可翻转号牌架；

（4）不应出现影响号牌正常视认的加装、改装等情形。

2. 注册登记检验时，号牌及号牌安装还应满足的要求

（1）车辆应设置能够满足号牌安装要求的前、后号牌板（架），但摩托车只需设置有能满足号牌安装要求的后号牌板（架）；前号牌板（架）应设于前面的中部或右侧（按机动车前进方向），后号牌板（架）应设于后面的中部或左侧；

（2）2013年3月1日起出厂的车辆，每面号牌板（架）上至少应至少设有2个号牌安装孔，且能保证用M6规格的螺栓将号牌直接牢固可靠地安装在车辆上；

（3）2016年3月1日起出厂的车辆，每面号牌板（架）[三轮汽车前号牌板（架）、摩托车后号牌板（架）除外]上应设有4个号牌安装孔（图2-29），且能保证用M6规格的螺栓将号牌直接牢固可靠地安装在车辆上。

图2-29　2016年3月1日起出厂的车辆号牌安装孔

（4）汽车电子标识安装。

根据《机动车运行安全技术条件》(GB 7258-2017)中规定汽车（无驾驶室的汽车除外）应设置微波窗口的要求，标准实施之日起第13个月开始对新生产车实施；汽车（无驾驶室的汽车除外）应在前风窗玻璃不影响驾驶视野的位置设置微波窗口，以保证汽车电子标识的规范安装和数据的有效读取。

六、加装/改装灯具

车辆不应有加装或改装强制性标准以外的外部照明和信号装置，不应有后射灯（图2-30）。

图2-30　加装/改装灯具

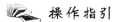

1. 组织方式

（1）场地设施：检测线。

(2)设备设施:整车1辆、光泽度计、透光率计、逆反射系数测试仪、轮胎气压表、照明工具。

(3)工量具:钢卷尺、直钢尺(15cm)、轮胎花纹深度尺、手锤、铁钩等常用工具。

2. 操作要求

(1)穿着干净整齐的工作服。

(2)遵守场地安全规定,注意用电安全。

(3)正确使用检测仪器。

(4)能够独立完成车辆外观检查项目。

 任务实施

(1)工、量具应清洁,测量仪器要预热。

(2)按照检验流程,正确使用工、量具及测量仪器。

(3)车辆外观检查操作,按照实车填写项目检查方法及相关说明(表2-5)。

项目检查方法及相关说明　　　　　　　　　表2-5

序号	项目	检查方法及相关说明
1	车身外观	
2	外观标识、标注和标牌	
3	外部照明和信号装置	
4	轮胎	
5	号牌及号牌安装	
6	加装/改装灯具	

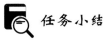 **任务小结**

(1)车辆外观检查主要针对车身外观、外观标识、标注和标牌、外部照明和信号装置、轮胎、号牌及号牌安装、加装/改装灯具进行检查。

(2)车身外观检查目视检查,目测有疑问时,使用透光率计、钢尺、手锤、铁钩及照明器具等工具测量相关参数。对封闭式货厢的货车、挂车应打开车厢门检查。重点检查保险杠、后视镜、下视镜、风窗玻璃、车体周正性、车身外部尖锐凸起物、车身锈蚀破损、车身标识广告等;对于部分车型,需要检查货厢固定、危险品罐车倾覆保护装置、车外顶行李架、重点车辆(如校车、公路客车、旅游客车)玻璃透射比、广角后视镜、补盲后视镜、前下视镜、教练车辅助后视镜、载货部分可伸缩结构、载货部分乘客座椅、自行加装部件、三轮汽车及摩托车车身外观等;注册登记检验时,还需重点检查商标或厂标、货厢安全架、厢式、前后保险杠、正三轮摩托车转向系等

(3)外观标识、标注和标牌目视检查,目测字高偏小时,使用钢直尺等长度测量工具测量字高尺寸。重点检查货车总质量喷涂、专项作业车总质量喷涂、牵引车准牵总质量喷涂、栏板高度喷涂、罐车喷涂的货物种类、容积;放大号喷涂、客车座位数喷涂、教练车喷涂、燃料汽车喷涂;消防车、救护车、工程救险车、警车的车身颜色及标志灯具;残疾人机动车专用标志等。

注册登记检验时,还需重点检查标牌;非插电式混合动力汽车及纯电动汽车标牌、标注;燃料电池汽车标注等。

(4)外部照明和信号装置目视检查,检查并操作。建议由两位检验员配合或由驾驶员配合进行,检验员一般情况下不应站在送检机动车的正前方或正后方。重点检查前照灯、前位灯、转向信号灯、危险警告信号灯、示廓灯、牵引杆挂车标志灯、后位灯、示廓灯、制动灯、后雾灯、后牌照灯、倒车灯、侧转向信号灯、侧标志灯、侧反射器、灯具异常闪烁、外部照明和信号装置遮挡、喇叭、发动机舱电气导线布置情况。必要时,测量并计算后位灯、后转向灯、制动灯的透光面积。注册登记检验时,还需查看照明和信号装置的数量、位置、光色。

(5)轮胎目视检查轮胎规格/型号,目测胎压不正常、轮胎胎冠花纹深度偏小时,使用轮胎气压表、花纹深度计等测量工具测量相关参数。重点检查同轴两侧规格和花纹统一性、轮胎螺栓、轮胎规格、胎面胎壁、轮胎花纹深度;备胎标识。对于部分重点车辆(如公路客车、旅游客车、校车)检查是否使用翻新胎情况;其他机动车转向轮是否适用翻新轮胎情况。注册登记检验时,还需重点检查专用校车、危险货物运输车以及车长大于9m的客车是否安装使用子午线轮胎情况。

(6)号牌及号牌安装目视检查,目测号牌安装位置、形式,有疑问时使用钢卷尺或钢直尺等长度测量工具测量相关尺寸。重点检查号牌是否缺少,号牌字符、颜色、安装情况;号牌表面是否缺陷、损伤;号牌架是否安装、违规使用可翻转、可拆卸号牌架情况,是否存在影响号牌视认的加装改装;固封装置、号牌板(架)。注册登记检验时,还需重点检查号牌板(架)上安装孔数量、规格等。

(7)加装/改装灯具目视检查。重点检查加装/改装外部照明灯具、信号装置情形(如氙气大灯),货车不应加装后射灯情况。

不合格原因分析

车辆人工检验的评定取决于检验员的专业知识(包括理论知识、使用知识)、经验等。导致车辆人工检验不合格的原因有:

(1)检验员的专业知识不扎实,导致误判;
(2)检验员量具使用不规范,导致测量误差;
(3)检验员仪器使用不规范,导致测量误差;
(4)车辆本身存在制造或设计缺陷;
(5)车型数据库与公告目录存在差异。

学习任务4　车辆安全装置检查与评价

任务描述

按照《机动车安全技术检验项目和方法》(GB 21861—2014)的要求,对机动车的类型和使用性质不同,应针对其配备的安全装置进行检查。

学习目标

(1)能说明车辆安全装置检查的内容及相关技术要求。
(2)能正确判别汽车安全带配备要求。
(3)能清晰判别机动车用三角警告牌配备要求及外观形状。
(4)能正确判别灭火器配备及性能要求。
(5)能正确判别行驶记录装置的配备及性能要求。
(6)能清晰判别车身反光标识的配备要求及外观形状。
(7)能清晰判别车辆尾部标志板的配备要求及外观形状。
(8)能准确判别货车、专项作业车和挂车前下部、侧面及后下部防护配备及性能要求。
(9)能描述应急锤配备要求。
(10)能准确判别校车配备的急救箱是否适用。
(11)能正确判别限速功能或限速装置的配备及性能要求。
(12)能正确判别防抱死制动装置的配备及性能要求。
(13)能正确判别辅助制动装置的配备要求。
(14)能正确判别盘式制动器的配备要求。
(15)能正确判别紧急切断装置的安装要求。
(16)能正确判别客车的灭火装置配备的配备及性能要求。
(17)能正确判别客车的手动断电开关的配备要求。
(18)能正确判别教练车副制动的配备及性能要求。
(19)能正确判别校车标志灯和校车停车指示标志牌的配备及性能要求。
(20)能正确判别危险货物运输车标志的配备及性能要求。
(21)能正确判别肢体残疾人操场辅助装置配备及性能要求。

建议学时:2学时。

知识准备

一、汽车安全带检查

1. 注册登记时

注册登记检验时,检查汽车安全带应满足:

（1）汽车应按《机动车运行安全技术条件》（GB 7258—2017）的规定，配备安全带；

（2）对于专用校车，学生座位均应配备两点式汽车安全带，驾驶人座椅、照管人员座椅均应配备汽车安全带。

2. 在用机动车检验时

在用机动车检验时，配备的汽车安全带应完好且能正常使用，不得出现"座垫套覆盖遮挡安全带""安全带绑定在座位下面"等情形。

汽车安全带如图 2-31 所示。

图 2-31　汽车安全带

二、机动车用三角警告牌

汽车（无驾驶室的三轮汽车除外）应配备 1 件反光背心和 1 个的三角警告牌，三角警告牌的外观、形状应符合《机动车用三角警告牌》（GB 19151—2003）的要求，如图 2-32 所示。三角警告牌在车上应妥善放置；车长大于等于 6m 的客车和总质量大于 3500kg 的货车，还应装备至少 2 个停车楔（如三角垫木）。

图 2-32　机动车用三角警告牌

三、灭火器

根据《机动车运行安全技术条件》（GB 7258—2017）中规定，客车、旅居车和危险货物运输车应装备灭火器，配备的灭火器应在使用有效期内，不应出现欠压失效等情形，如图 2-33 所示。配备要求应符合《客车灭火装备配置要求》（GB 34655—2017）等相关标准的要求，灭火器在车上应安装牢靠并便于取用。车长大于等于 6m 的纯电动客车、插电式混合动力客车电池箱安全防护的特殊要求，标准实施之日起第 13 个月开始对新生产车实施。车长大于等于 6m 的纯电动客车、插电式混合动力客车，应能监测动力电池工作状态并在发现异常情形时报警，且报警后 5 分钟内电池箱外部不能起火爆炸。

安装有客舱固定灭火系统的公共汽车，其客舱固定灭火系统的性能应符合《公共汽车客舱固定灭火规定》（GA 1264—2015）的规定。

图 2-33　欠压失效的灭火器

四、行驶记录装置

安装行驶记录仪的要求对公路客车、旅游客车、未设置乘客站立区的公共汽车、校车、设有乘客站立区的客车以外的其他客车，自《机动车运行安全技术条件》（GB 7258—2017）标准实施之日起第 13 个月开始对新生产车实施。

所有客车、危险货物运输货车、半挂牵引车和总质量大于等于 12000kg 的货车应装备具备记录如图 2-34 所示、存储、显示、打印或输出车辆行驶速度、时间、里程等车辆行驶状态信息的行驶记录仪；行驶记录仪应接入车辆速度制动等信号，规范设置车辆参数并配置驾驶人身份识别卡，显示部分应易于观察，数据接口应便于移动存储介质的插拔，技术要求应符合《汽车行驶记录仪》(GB/T 19056—2012)的规定。校车、公路客车、旅游客车、危险货物运输货车装备具有行驶记录功能的卫星定位装置，且行驶记录功能的技术要求符合《机动车运行安全技术条件》(GB 7258—2017)中 8.6.5、8.6.6 及《汽车行驶记录仪》(GB/T 19056—2012)的相关规定，或车长小于 6m 的其他客车装备符合标准规定的事件数据记录系统(EDR)，应视为满足要求。专用校车和卧铺客车、设有乘客站立区的客车，还应装备车内外视频监控录像系统；车内外视频监控录像系统摄像头的配备数量及拍摄方向应符合相关标准和管理规定，无遮挡。乘用车应配备事件数据记录系统或车载视频行驶记录装置的要求，自《机动车运行安全技术条件》(GB 7258—2017)标准实施之日起第 37 个月开始对新生产车实施乘用车应配备能记录碰撞等特定事件发生时的车辆行驶速度、制动状态等数据信息的事件数据记录系统(EDR)；若配备了符合标准规定的车载视频行驶记录装置，应视为满足要求。

图 2-34　行驶记录装置

五、车身反光标识

货车(多用途货车除外)、货车底盘改装的专项作业车和挂车(设置有符合规定的车辆尾部标志板的专项作业车和挂车，以及旅居挂车除外)，应按照《机动车运行安全技术条件》(GB 7258—2017)中 8.4 要求，黏贴车身反光标识；黏贴/安装的车身反光标识材料应符合《货车及挂车车身反光标识》(GB 23254—2009)的规定，如图 2-35 所示。

六、车辆尾部标志板

总质量大于等于 12000kg 的货车、专项作业车和车长大于 8.0m 的挂车，应安装车辆尾部标志板。安装的车辆尾部标志板的形状、尺寸、布置和固定应符合《车辆尾部标志板》(GB 25990—2010)的规定，如图 2-36 所示。

七、货车、专项作业车和挂车前下部防护要求

总质量大于 7500kg 的货车、货车底盘改装的专项作业车，应按《商用车前下部防护要求》(GB 26511—2011)的规定提供对平行车辆纵轴方向的作用力具有足够阻挡力的前下部防护，以防止正面碰撞时发生钻入碰撞，如图 2-37 所示。

图 2-35　车身反光标识

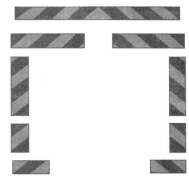

图 2-36　车辆尾部标志板

图 2-37　前下部防护

八、货车、专项作业车和挂车侧面及后下部防护要求

总质量大于 3500kg 的货车(半挂牵引车除外)、货车底盘改装的专项作业车(半挂牵引车及由于客观原因而无法安装后下部防护装置的专用货车和专项作业车除外)和挂车,应按照《汽车及挂车侧面的后下部防护要求》(GB 11567—2017)规定安装侧后防护,如图 2-38 所示,侧后防护安装应牢固、无变形。

图 2-38　货车和挂车侧后防护装置

九、应急锤

采用密闭钢化玻璃式应急窗的客车,在相应的应急窗邻近应配备一个应急锤以方便击碎车窗玻璃,如图 2-39 所示。

十、急救箱

校车应配备急救箱,急救箱应放置在便于取用的位置并有效适用,如图 2-40 所示。

图 2-39 应急锤

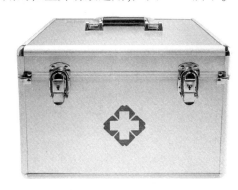

图 2-40 急救箱

十一、限速功能或限速装置

图 2-41 限速装置

公路客车、危险货物运输车、旅游客车及车长大于 9m 的其他客车汽车、车长大于等于 6m 的旅居车,应具有限速功能或配备限速装置,如图 2-41 所示。超速报警和限速功能,车长大于等于 6m 的客车、旅居车和三轴及三轴以上货车,应具有超速报警功能,当行驶速度超过允许的最大行驶速度时,能通过视觉或声觉信号报警。限速功能或限速装置应符合《车辆车速限制系统技术要求》(GB/T 24545—2009)的要求,且限速功能或限速装置调定的最大车速对设置了符合 11.2.8 规定的车内物品存放区的公路客车应小于等于 70km/h、对其他公路客车、旅游客车和车长大于 9m 的其他客车、车长大于等于 6m 的旅居车不应大于 100km/h,对危险货物运输货车不应大于 80km/h,。专用校车应安装符合《车辆车速限制系统技术要求》(GB/T 24545—2009)要求的限速装置,且调定的最大车速不得大于 80km/h。

十二、防抱死制动装置

1. 以下车辆应装备防抱死制动装置

所有汽车(三轮汽车、五轴及五轴以上专项作业车除外)及总质量大于 3500kg 的挂车应装备符合规定的防抱死制动装置。总质量大于或等于 12000kg 的危险货物运输货车还应装备电控制动系统(EBS)。

2. 特别提示

防抱制动装置中的任何电器故障不应使行车制动器的制动促动时间和控制释放时间延长。在需要电源进行操控防抱制动装置的挂车上，电源应由专用电源线路供给。机动车配备的防抱死制动装置自检功能应正常，如图2-42所示。

十三、辅助制动装置

车长大于9m的客车(对专用校车为车长大于8m)、总质量大于等于12000kg的货车和专项作业车、总质量大于3500kg的危险货物运输货车，均应安装缓速器或其他辅助制动装置，如图2-43所示。

图 2-42　防抱死制动装置

图 2-43　辅助制动装置

十四、盘式制动器

所有专用校车、危险货物运输车和车长大于9m的其他客车的前轮，以及危险货物运输半挂车、三轴的栏板式和仓栅式半挂车的所有车轮，应装备盘式制动器。盘式制动器如图2-44所示。

十五、紧急切断装置

用于运输液体危险货物的罐式危险货物运输车应按照《道路运输液体危险货物罐式车辆 第1部分:金属常压罐体技术要求》(GB 18564.1—2006)规定安装紧急切断装置，如图2-45所示。

图 2-44　盘式制动器

图 2-45　紧急切断装置

十六、客车的灭火装置

客车的灭火装置配备应符合《客车灭火装置配置要求》(GB 34655—2017)的规定。车长大于等于6m的纯电动客车、插电式混合动力客车,应能监测动力电池工作状态并在发现异常情形时报警,且报警后5min内电池箱外部不能起火爆炸。安装有客舱固定灭火系统的公共汽车,其客舱固定灭火系统的性能应符合《公共汽车客舱固定灭火系统》(GA 1264—2015)的规定。客车灭火装置如图2-46所示。

十七、手动机械断电开关

车长大于或等于6m的客车,应设置能切断蓄电池盒所有电路连接的手动机械断电开关,如图2-47所示。

图2-46　客车灭火装置图　　　图2-47　手动断电开关

十八、副制动装置

教练车(三轮汽车除外)及自学用车的行车制动应装备有副制动装置,如图2-48所示。

图2-48　教练车副制动踏板

副制动装置应安装牢固、动作可靠,保证教练员在行车过程中能有效地控制机动车减速和停车。

十九、校车标志灯和校车停车指示标志牌

校车配备的校车标志灯和停车指示标志牌应齐全、有效,且符合《校车标识》(GB 24315—2009)的相关规定,如图 2-49 所示。

图 2-49　校车标志灯和校车停车指示标志牌

二十、危险货物运输车标志

危险货物运输车应设置符合《道路运输危险货物车辆标志》(GB 13392—2005)规定的标志,如图 2-50 所示;道路运输爆炸品和剧毒化学品车辆应粘贴符合《道路运输爆炸品和剧毒化学品车辆安全技术条件》(GB 20300—2006)规定的橙色反光带并设置安全标示牌。罐式危险货物运输车辆的罐体或与罐体焊接的支座的右侧应有金属的罐体铭牌,罐体铭牌应标注唯一性编码、罐体设计代码、罐体容积等信息。

二十一、肢体残疾人操纵辅助装置

加装肢体残疾人操纵辅助装置的汽车,如图 2-51 所示。操纵辅助装置铭牌标明的产品型号和产品编号应与操纵辅助装置加装合格证明或机动车行驶证记载的产品型号和产品编号一致。

图 2-50　危险货物运输车标志　　　　图 2-51　肢体残疾人操纵辅助装置

操作指引

1. 组织方式

(1)场地设施:检测线。

(2)设备设施:整车1辆、逆反射系数测试仪、行驶记录仪、照明工具。
(3)工量具:钢卷尺、直钢尺(15cm)等常用工具。

2.操作要求

(1)穿着干净整齐的工作服。
(2)遵守场地安全规定,注意用电安全。
(3)正确使用检测仪器。
(4)能够独立完成车辆安全装置检查项目。

 任务实施

(1)工、量具应清洁,测量仪器要预热。
(2)按照检验流程,正确使用工、量具及测量仪器。
(3)车辆安全装置检查操作,按照实车填写项目检查方法及检验项目相关说明(表2-6)。

项目检查方法及相关说明　　　　　　　　　　表2-6

序 号	项　　目	检查方法及相关说明
1	汽车安全带	
2	机动车用三角警告牌	
3	灭火器	
4	行驶记录装置	
5	车身反光标识	
6	车辆尾部标志板	
7	侧后防护装置	
8	应急锤	
9	急救箱	
10	限速功能或限速装置	
11	防抱死制动装置	
12	辅助制动装置	
13	盘式制动器	
14	紧急切断装置	
15	发动机舱自动灭火装置	
16	手动机械断电开关	
17	副制动踏板	
18	校车标志灯和校车停车指示标志牌	
19	危险货物运输车标志	
20	肢体残疾人操纵辅助装置	

任务小结

（1）车辆安全装置检查，目视检查并操作。重点检查安全带的锁扣锁止有效性和安全带的自动伸缩性，以确保其功能有效；查看汽车安全带的损坏情形、校车学生座位安装情况、坐垫套覆盖遮挡安全带情形、安全带绑定在座位下面情形。

（2）机动车用三角警告牌目视检查，重点检查配备情况、外观形状。

（3）灭火器目视检查，重点检查客车、危险货物运输车按规定配备灭火器情况；查看灭火器欠压、失效情况。

（4）行驶记录装置目视检查，目测显示功能不正常时，使用专用检验仪器进行检验。重点检查公路客车、旅游客车、危险货物运输车、专用校车、公共汽车、半挂牵引车、重型货车按规定配备行驶记录装置情况；卧铺客车、专用校车按规定装备车内外录像监控情况；查看行驶记录仪装置显示、3C 标志、记录功能。

（5）车身反光标识目视检查，目视逆反射系数偏小时，使用逆反射性能测试仪测试逆反射系数。查看车身反光标识的 3C 标志、破损情况等。

（6）车辆尾部标志板目视检查，目视逆反射系数偏小时，使用逆反射性能测试仪测试逆反射系数。重点检查是否按规定安装车辆尾部标志板等。

（7）货车、专项作业车和挂车前下部、侧面及后下部防护目测防护装置单薄、安装不规范时，使用钢卷尺或钢直尺等长度测量工具。重点检查有无安装、安装牢固情况、变形情况；罐体管路、封头超出防护装置情形。实车比对防护装置外观、结构、尺寸、安装要求与《公告》的符合性。

（8）应急锤目视检查采用密闭钢化玻璃式应急窗的客车是否规定配备应急锤情况。

（9）目视检查校车是否按规定配备急救箱情况。

（10）限速功能或限速装置重点检查公路客车、危险货物运输车、旅游客车、公共汽车的限速功能，查看客车超速报警功能。

（11）防抱死制动装置打开电源，观察"ABS"指示灯。对于半挂车，需要实车连接牵引车，打开点火开关，踩踏制动踏板，检查制动器是否有电磁阀通断的声音。重点检查危险货物运输车、公路客车、旅游客车、半挂牵引车、货车、专用校车、公共汽车、半挂车安装防抱死装置情况，查看防抱死制动装置自检功能。

（12）辅助制动装置重点检查客车、危险货物运输车、货车、专项作业车安装辅助制动装置配备情况。

（13）盘式制动器目视检查，重点检查危险货物运输车、客车、专用校车、公共汽车安装盘式制动器配备情况。

（14）紧急切断装置目视检查，重点检查运送汽油、甲苯等特定危险液体的罐式危险货物运输车安装紧急切断装置情况。

（15）客车的灭火装置，重点检查专用校车、发动机后置客车安装发动机舱灭火装置情况。

（16）客车的手动断电开关目视检查，有疑问时操作开关，观察是否断电。重点检查客车安装手动机械断电开关情况。

（17）教练车副制动目视检查，有疑问时踩下踏板，判断踏板工作是否正常。

（18）校车标志灯和校车停车指示标志牌目视检查，重点检查校车外观标识及标志灯、停车指示标志牌配备情况及性能。

（19）危险货物运输车标志目视检查，重点检查危险货物运输车按规定安装标志情形、爆炸品车及剧毒化学品橙色反光带、标示牌情况。

（20）目视检查操纵辅助装置型号编号，并与合格证明材料进行比对是否一致。

不合格原因分析

车辆人工检验的评定取决于检验员的专业知识（包括理论知识、使用知识）、经验等。导致车辆人工检验不合格的原因有：

（1）检验员的专业知识不扎实，导致误判；

（2）检验员量具使用不规范，导致测量误差；

（3）检验员仪器使用不规范，导致测量误差；

（4）车辆本身存在制造或设计缺陷；

（5）车型数据库与公告目录存在差异。

学习任务5　车辆底盘动态检验与评价

任务描述

车辆底盘动态检验是指在行驶状态下，通过目视、耳听、感知等方式定性地判断机动车的转向系、传动系、制动系、仪表和指示器是否符合运行安全要求。

学习目标

（1）能说明车辆底盘动态检验的内容及相关技术要求。

（2）能正确操纵车辆完成车辆转向系的检查。

（3）能正确操纵车辆完成车辆传动系的检查。
（4）能正确操纵车辆完成车辆制动系的检查。
（5）能准确描述出车辆仪表和指示器的故障状态。
建议学时：1 学时。

知识准备

车辆底盘动态检验需要在指定的试车道进行，车辆进行检验时，必须要有专门的安全指挥员控制检验场地的安全。

一、转向系统的检查

车辆的转向盘应转动灵活，操纵方便，无卡滞现象，最大自由转动量应符合《机动车运行安全技术条件》（GB 7258—2017）的规定；利用转向力-转向角测试仪（图2-52）对机动车转向盘的最大自由转动量判断：对最大车速不低于100km/h的机动车，应不大于15°；对三轮汽车应不大于35°；其他机动车不大于25°。

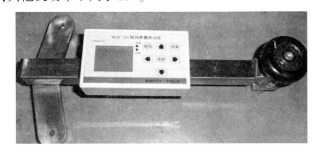

图2-52　转向力–转向角测试仪

二、传动系统的检查

起动发动机并（在车辆静止的状态下）变换挡位，判断离合器分离是否彻底、挂挡是否正常，检查是否有倒挡锁止功能。车辆起步，判断离合器结合是否平稳及有无打滑、抖动、异响等现象，如图2-53所示。

正常加速换挡，注意变速器有无异常声响、传动轴或传动链有无异响和抖动及驱动桥的主减速器和差速器有无异响。自动变速器换挡时齿轮应啮合灵便，互锁、自锁和倒挡装置应有效，不得有乱挡和自行跳挡现象；运行中应无异响；换挡杆及其传动杆件不应与其他部件干涉。采用自动变速器的机动车，应通过设计保证只有当变速器换挡装置处于驻车挡（"P"挡）或空挡（"N"挡）时方可起动发动机（具有自动起停功能时在驱动挡["D"挡]也可起动发动机；变速器换挡装置换入或进过倒车挡（"R"），以及有驻车挡（"P"挡）位置换入其他挡位时，应通过驾驶人的不同方向的两个动作完成。

三、制动系统的检查

车辆正常行驶时无车轮阻值、抱死现象；制动时制动踏板动作应正常，响应迅速，方向盘无抖动，无跑偏现象。图2-54所示为制动系统检查。

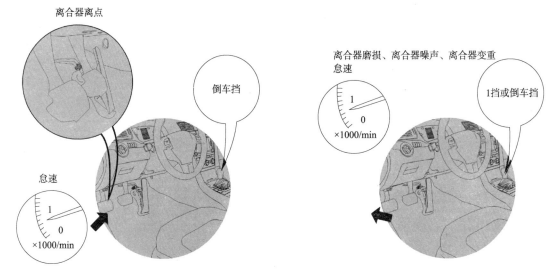

图 2-53 离合器的检查

四、仪表和指示器

车辆配备的车速表等仪表和指示器工作应正常,不应有异常或报警情形(图 2-55)。

图 2-54 制动系统检查

图 2-55 仪表和指示器图

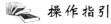 操作指引

1. 组织方式

(1)场地设施:试车道。
(2)设备设施:整车 1 辆、制动踏板力计、制动手刹力计、转向力-转向角测试仪等。
(3)工量具:钢卷尺、直钢尺(15cm)等常用工具。

2. 操作要求

(1)穿着干净整齐的工作服。

(2)遵守场地安全规定,注意用电安全。
(3)正确使用检测仪器。
(4)能够独立完成车辆底盘动态检验项目。

 任务实施

(1)工、量具应清洁,测量仪器要预热。
(2)按照检验流程,正确使用工、量具及测量仪器。
(3)车辆底盘动态检验方法,按照实车填写项目检查方法及相关说明(表2-7)

项目检查方法及相关说明　　　　　　　　表2-7

序　号	项　　　目	检查方法及相关说明
1	制动系	
2	转向系	
3	传动系	
4	仪表和指示器	

 任务小结

(1)车辆底盘动态检验项目:车辆转向系统、传动系统、制动系统、仪表和指示器。
(2)车辆转向系的检查,操作车辆,起步并行驶20m以上,利用目视、耳听、操作感知等方式检查。操作过程中感觉转向盘最大自由转动量偏大或转向沉重时,使用转向盘转向力-转向角检测仪测量相关参数。重点检查转向盘转向是否沉重,转向盘间隙是否过大;对于转向把式的三轮汽车、摩托车检查转向是否沉重。
(3)车辆传动系统的检查,操作车辆,起步并行驶20m以上,利用目视、耳听、操作感知等方式检查。重点检查换挡是否正常、变速器倒挡能否锁止、离合器是否平稳、离合器有无打滑现象、离合器分离是否彻底。
(4)车辆制动系统的检查,起步时检查车轮是否阻滞力过大或抱死情况,以不低于20km/h的速度正直行驶,双手轻扶转向盘,急踩制动踏板后迅速放松,检查踏板响应性。检查车辆是否出现跑偏、转向盘抖动情况。
(5)车辆仪表和指示器在检验过程中,观察仪表和指示器。重点检查车速表工作是否正常、指示器有无异常或报警情形。

 不合格原因分析

车辆人工检验的评定取决于检验员的专业知识(包括理论知识、使用知识)、经验等。导致车辆人工检验不合格的原因有:
(1)检验员的专业知识不扎实,导致误判;
(2)检验员量具使用不规范,导致测量误差;
(3)检验员仪器使用不规范,导致测量误差;
(4)车辆本身存在制造或设计缺陷;

(5)车型数据库与公告目录存在差异。

学习任务6　车辆底盘部件检验与评价

任务描述

车辆底盘部件检查(地沟检查),要求车辆停放在地沟上方的指定位置,使用专用手锤和专用仪器等工具,并由驾驶室操作人员配合。对车辆转向系统部件、传动系统部件、行驶系统部件、制动系统部件和车辆其他部件进行检查。

学习目标

(1)能说明车辆底盘部件检查的内容及相关技术要求。
(2)能独立完成车辆转向系部件的检查。
(3)能独立完成车辆传动系部件的检查。
(4)能独立完成车辆行驶系部件的检查。
(5)能独立完成车辆制动系的检查。
(6)能准确描述出车辆其他部件检查的技术要求。
建议学时:1学时。

知识准备

车辆进行底盘部件检验时,应将被检车辆停放在地沟上方的指定位置,发动机停止运转。

一、转向系统部件检查

如图2-56所示,由驾驶室操作人员配合来回转动转向盘,检查转向器固定情况(宜使用底盘间隙仪),检查转向机构各部件紧固、锁止、限位情况,检查在转向过程中有无干涉或摩擦痕迹/现象,检查各机件有无损伤和横、直拉杆是否有拼焊情况。在检查各部件有无损伤、管线是否固定时应使用专用手锤。

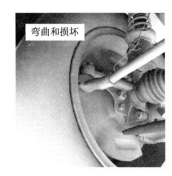

车辆底盘系统的检验项目及流程

图 2-56　转向系统部件检查

二、传动系统部件检查

如图 2-57 所示,检查变速器及分动器支架、传动各部件连接是否可靠;传动轴、万向节安装是否正确,中间轴承及支架有无裂纹和松旷现象;检查有无漏油现象。

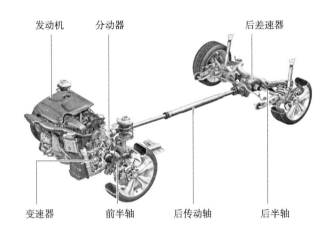

图 2-57　汽车传动系统部件

三、行驶系统检查

如图 2-58 所示,检查汽车行驶系统部件时,应先检查钢板吊耳及销有无松旷;检查中心螺栓、U 形螺栓是否紧固;检查有无车桥移位现象(必要时用卷尺测量左、右侧轴距差值);检查车架纵梁、横梁有无变形、损伤、铆钉、螺栓有无缺少或松动;检查车桥与悬架之间的拉杆和导杆有无松旷和移位,检查减震器有无漏油。空气弹簧应无裂损、变形及漏气,控制系统应齐全有效。

四、制动系统检查

如图 2-59 所示,检查汽车制动系统时,应检查制动系统部件有无擅自改动,不应从制动系统获取气源作为加装装置的动力源;检查制动主缸、轮缸、制动管路等有无漏气、漏油,制动软管有无老化;检查制动系统管路与其他部件有无摩擦和固定松动现象。

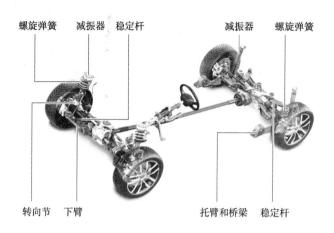

图 2-58 汽车行驶系统概图

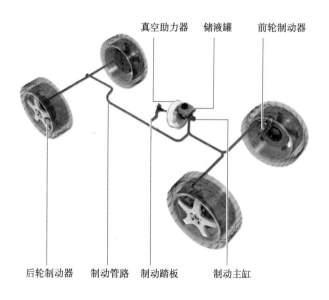

图 2-59 汽车制动系统概图

五、底盘其他部件检查

检查电器导线是否布置整齐、捆扎成束、固定卡紧及线路有无破损现象;检查接头是否牢固并有绝缘套,在导线穿越孔洞时是否装设绝缘套管。

检查发动机的固定是否可靠;检查排气管、消声器是否完好,固定是否可靠;排气管口指向是否符合要求;检查燃料箱、燃料管路是否固定可靠;燃料管路与其他部件有无碰擦及软管有无明显老化现象;承载式车身底部应完整,不应有影响车身强度的变形和破损;轮胎内侧不应有严重磨损、割伤、腐蚀。

 操作指引

1. 组织方式

（1）场地设施：检测线内地沟。

（2）设备设施：整车1辆、底盘间隙仪、安全头盔、口罩、隔热手套、防滑鞋、照明工具。

（3）工量具：检修手锤、撬棍、铁钩等常用工具。

2. 操作要求

（1）穿着干净整齐的工作服。

（2）遵守场地安全规定，注意用电安全。

（3）正确使用检测仪器。

（4）能够独立完成车辆底盘部件检查项目。

 任务实施

（1）工、量具应清洁，测量仪器要预热。

（2）按照检验流程，正确使用工、量具及测量仪器。

（3）车辆唯一性检验操作，按照实车填写项目检查方法及相关说明（表2-8）。

项目检查方法及相关说明　　　　　　　　　　　　　表2-8

序　号	项　　目	检查方法及相关说明
1	转向系部件	
2	传动系部件	
3	行驶系部件	
4	制动系部件	
5	其他部件	

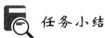 任务小结

（1）车辆底盘部件检查主要包括：车辆转向系统部件、传动系统部件、行驶系统部件、制动系统部件和车辆其他部件的检查。

（2）车辆转向系统部件的检查，重点检查转向系统部分部件出现松动情况、转向过程中的干涉或摩擦现象。

（3）车辆传动系统部件的检查，重点检查变速器等部件的连接情况；传动轴、万向节、中间轴承、支架等出现裂纹、松旷和漏油现象。

（4）车辆行驶系统的检查，重点检查车架纵梁、横梁变形、损伤情况；铆钉、螺栓的完整或松动情况；车架纵梁、横梁的损伤、变形情况；车架纵梁、横梁铆钉螺栓的缺失、松动情况；钢板吊耳、销、中心螺栓、U形螺栓的松旷情况；车桥与悬架之间的拉杆松旷情况；减振器漏油情况。

（5）车辆制动系统的检查，重点检查制动系统不得擅自改动情况、不得从制动系统获取

气源作为加装装置动力源情况;制动主缸、轮缸、管路等出现漏气漏油情况;制动软管的老化情况;制动系统管路固定情况、与其他部件的摩擦情况。

(6)车辆其他部件检查,重点检查发动机的固定、排气管与消音器的安装、排气管漏气情况;排气管口指向;电气导线的布置、捆扎、固定及破损情况;燃料箱固定、漏油情况,燃料管路的老化以及与其他部件碰擦情况;承载式车身底部完整性;轮胎内侧的磨损、割伤、腐蚀情况;其他影响车身强度的变形和破损情况。

 不合格原因分析

车辆人工检验的评定取决于检验员的专业知识(包括理论知识、使用知识)、经验等。导致车辆人工检验不合格的原因有:

(1)检验员的专业知识不扎实,导致误判;
(2)检验员量具使用不规范,导致测量误差;
(3)检验员仪器使用不规范,导致测量误差;
(4)车辆本身存在制造或设计缺陷;
(5)车型数据库与公告目录存在差异。

项目三　机动车安全运行技术条件检验项目与评价

项目概述

机动车安全技术检验,是指根据《中华人民共和国道路交通安全法》及实施条例规定,按照国家机动车安全技术标准和检定规程等技术规范要求,对上路行驶的机动车进行检验检测的活动。

目前我国主要分为安全检测、综合性能检测、环保检测三大类,分属公安部、交通运输部、生态环境部监管。

1. 安全检测

属公安部监管,对所有社会车辆实施年检、事故检定等,检测项目有如下方面。

安全项目:速度表检验、制动检验、侧滑检验、前照灯检验。

环保项目:机动车尾气排放、喇叭噪声。

外检项目:车身、底盘、动态检验。

检测项目与方法:执行《机动车安全技术检验项目和方法》(GB 21861—2014)。

检测标准:执行《机动车运行安全技术条件》(GB 7258—2017)。

2. 综合性能检测

属交通运输部监管,对所有营运车辆实施技术等级评定等检测,检测项目有:外检、安全、环保、动力性、经济性、可靠性等。

检测项目、方法、标准:执行《道路运输车辆综合性能要求和检验方法》(GB 18565—2016),部分引用《机动车运行安全技术条件》(GB 7258—2017)。

3. 环保检测

属生态环境部监管,用工况法或尾气双怠速法等检测机动车排放。

机动车检验检测机构是综合运用现代检测技术,对机动车实施不解体检测、诊断,并出具相应的检验报告。因此,机动车检验机构应按照《检验检测机构资质认定管理办法》的规定,必须保证出具的检验报告的公正性、科学性和先进性。

  主要学习任务

1. 机动车排气污染物测量与评价
2. 汽车动力性能检测与评价
3. 道路运输车辆碳平衡油耗检测与评价
4. 汽车车速表检验与评价
5. 机动车前照灯检测与评价
6. 汽车声级计检验与评价
7. 汽车侧滑检验与评价
8. 汽车悬架装置检验与评价
9. 机动车轴(轮)重检验与评价
10. 汽车制动性能检验与评价

学习任务1　汽车排气污染物测量与评价

 **任务描述**

近几年来,我国汽车产业迅速发展,汽车保有量日益增加,其使用范围也越来越广泛。汽车在给人类带来极大方便的同时,也给公众生活带来了一定的危害。尤其是城市,汽车排放的污染物,对城市大气环境造成的污染尤为严重。

 学习目标

(1)能描述点燃式发动机排气污染物排放的试验方法(双怠速法)。

(2)能描述压燃式发动机排气污染物排放的试验方法(不透光度计)。

(3)能说明点燃式发动机在用汽车简易工况法排气污染物排放和压燃式发动机在用汽车加载减速法排气烟度排放的测试原理。

(4)能完成点燃式发动机排气污染物排放的试验方法(简易工况法)。

(5)能完成压燃式发动机排气烟度排放的试验方法(加载减速工况法)。

建议学时:4学时。

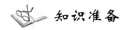

一、点燃式发动机的完全燃烧理论

1. 空燃比控制机理

汽油燃料是复杂的烷烃混合物,其 H/C 比是 1.86。下面以环己烷 C_6H_{12}(H/C 比为 2)代表汽油,进行理论燃烧反应推演。在发动机内部,C_6H_{12} 燃料通过喷射和空气充分混合,火花塞点火,发生氧化燃烧反应。

$$C_6H_{12} + 9O_2 + 9 \times 3.76N_2 \Rightarrow 6CO_2 + 6H_2O + 9 \times 3.76N_2$$

理论空燃比为

$$\frac{A}{F} = \frac{9 \times 32 + 9 \times 3.76 \times 28}{6 \times 12 + 12} = 14.7$$

式中:A——Air,空气;

F——Fuel,燃料;

A/F——空气和燃料的比率。

当 A/F 为 14.7 时,CO_2 排放达到最大值,HC 排放为最小值,而 O_2 和 CO 排放接近最小值,这说明发动机达到最佳的燃烧状况。因此 A/F 为 14.7 这一点称为理论空燃比,表述为 A_0/F_0,简称 AFR_0。

2. 过量空气系统 λ

以理论空燃比为基准,让发动机的实际空燃比和理论空燃比进行比较,从而引入了过量空气系统 λ 的概念。

$$\lambda = \frac{AFR}{AFR_0}$$

如果 $\lambda = 1$,说明发动机实际空燃比达到理论空燃比效果,工作在理想状况;如果 $\lambda > 1$,说明发动机实际工作时空气多了,处于富氧燃烧状况;如果 $\lambda < 1$,说明发动机实际工作时空气少了,处于缺氧燃烧状况。

3. 三元催化净化技术

目前,装有闭环控制的电喷技术车辆,运用了严格的空燃比控制技术,其发动机工作时的过量空气系数 λ 严格控制在 1.0±0.03,达到理论状态下的完全燃烧。空气用尽,排放中氧含量很少,有利于三元催化装置的工作。

如图2-47所示,空燃比和各排放污染物的关系,在使用三元催化净化技术后能有效地将这些污染物转化为CO_2、H_2O和N_2。

三元催化装置的作用是对HC、CO、NO_x这些污染气体进行有效的催化转化,但它必须工作在缺氧条件下,否则催化器表面会氧化中毒,影响其净化效率和寿命。因此,运用三元催化净化技术的前提是其过量空气系数λ必须控制在1.0附近,使得发动机内部的燃油充分燃烧又不剩下多余的空气。

二、汽油机排气分析仪

1. 仪器分类

汽车排气分析仪按照其原理可分为:不分光红外式、氢焰离子式、化学式三种。

汽车排气分析仪按照测量气体数量可分为:二组分、四组分、五组分分析仪(表3-1),目前普遍采用五组分分析仪进行检测。

汽车排气分析仪按照测量气体数量分类　　　　表3-1

污染物分类	CO%	CO	CO_2	O_2	NO
二组分分析仪	○	○	—	—	—
四组分分析仪	○	○	○	○	—
五组分分析仪	○	○	○	○	○

注:○为该仪器可测气体。

2. 五组分分析仪基本原理和结构

1) 仪器检测原理

五组分汽车排气分析仪采用不分光红外法测量CO、HC、CO_2三种气体组分,采用电化学法测量NO和O_2组分。其原理是建立在一种气体只能吸收其独特波长的红外线(0.8~600μm)特性基础上的,即基于大多数非对称分子对红外线波段中一定波长具有吸收功能,而且其吸收程度与被测气体的浓度有关。如CO能够吸收4.7μm波长的红外光线,HC能吸收3.4μm波长的红外光线,CO_2能吸收4.2μm波长的红外光线(图3-1)。在测量NO和O_2时需使用两个独立的化学电池传感器,传感器中装有特定电解质,在接触气体组分中的被测物质时产生原电池效应,输出电荷(即信号)经仪器处理后即为测量的结果。

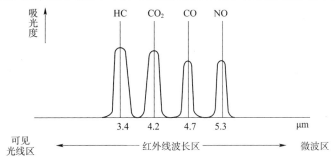

图3-1　不分光红外法测量原理图

2) 仪器结构

五组分汽车排气分析仪有采样探头、采样管、过滤器、水分离器、电磁阀、气泵红外分析器、电化学分析传感器、控制单元等部分组成,如图3-2所示。

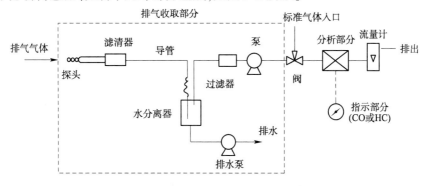

图3-2 五组分汽车排气分析仪结构图

三、双怠速检测方法

装用点燃式发动机在用汽车排气污染物排放限值引用标准:《点燃式发动机汽车排气污染物排放限值及测量方法(双怠速法及简易工况法)》(GB 18285—2005)。

双怠速检测是指汽车在空挡条件下,加速至高速和低速时检测污染物的方法。根据两个工况的排放状况能够基本反映车辆排放状况,根据高怠速时的过量空气系数能够基本判断燃料控制情况。而且,国家标准中有相关的完整规定。若为多排气管时,取各排气管测量结果的算术平均值作为测量结果。若车辆排气管长度小于测量深度时,应使用排气加长管。对于单一燃料汽车,仅按燃用气体燃料进行排放检测;对于两用燃料汽车,要求对两种燃料分别进行排放检测。

四、简易瞬态工况法

轻型点燃式发动机汽车简易瞬态工况污染物排放检测系统(简称Vmas系统)是基于轻型车(总质量为3500kg以下的M、N类车辆)污染物质量排放的测试系统。与基于浓度排放测试的稳态加载污染物排放系统(简称ASM系统)不同的是,ASM只能检测污染物浓度,不能检测出污染物的排放总量。而Vmas系统能够直接获取汽车污染物的排放总质量,可以更准确地模拟车辆实际的工作状况,更客观、公正地判断车辆的排放状态,且道路相关性较好,从而为城市污染物总量控制提供科学依据。《点燃式发动机汽车排气污染物排放限值和测量方法》(GB 18285—2005)给出了Vmas简易瞬态工况测量方法,《汽油车简易瞬态工况法排气污染物测量设备技术要求》(HJ/T 290—2006)给出了底盘测功机、尾气分析仪、微机控制系统等设备要求,《确定点燃式发动机在用汽车简易工况法排汽污染物排放限值的原则和方法》(HJ/T 240—2005)给出了排放限值的确定原则和方法。

简易瞬态工况法Vmas原理:简易瞬态工况法Vmas系统由可以模拟加速惯量和道路行驶阻力的底盘测功机、专用汽车排气(五气)分析仪、汽车排气流量仪、电气控制系统、计算机控制软件、助手仪(如电视机)、车辆散热风扇、安全保护装置等组成,如图3-3所示。

简易瞬态法是一种带负荷的测试方法,其检测结果能较好地反映车辆在道路上的实际排放状况,是科学、先进、实用的检测方法。在测试时由测功机来模拟汽车的加速惯量和道路行驶阻力,使汽车产生接近实际行驶时的排放量。通过专用汽车排气(五气)分析仪和汽车排气流量仪,测量汽车排出原始气体 O_2 浓度和混合稀释气体 O_2 浓度计算稀释前后稀释气体的稀释比,可以得到汽车排气实际流量,再利用气体状态方程:$PV = mRT/\mu$ 计算出汽油车尾气中 NO_x、CO、HC 单位时间(路程)内质量(检测结果为 μ/km),可以实时分析车辆在道路负荷工况下排放气体污染物排放质量,对于全面评价车辆的排放状况、估算机动车污染物排放总质量及制定切实可行的机动车污染物控制规划具有重要意义。

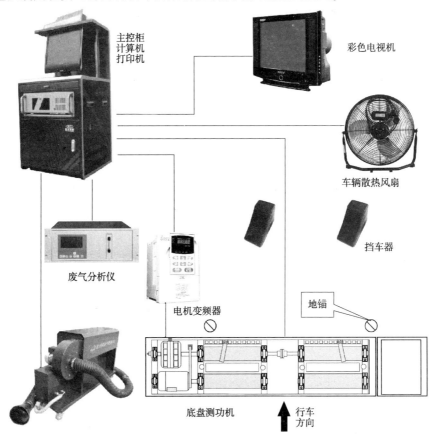

图 3-3 简易瞬态工况法 Vmas 系统图

简易工况法检测是模拟汽车上路时有负荷的检测,涵盖加速、减速、等速、怠速等各种工况过程,如实反映车辆实际行驶时的尾气排放特征;由于瞬态工况能够克服其他检测方法不能检测电喷车氧传感器故障,从而增加了尾气排污缺陷的检测;能检测一氧化碳、碳氢化合物和氮氧化物三种污染物。简易工况法的实行,使机动车尾气由静态检测上升为动态检测,可以保证机动车尾气排放始终处于合理的水平,从而有效地控制机动车尾气污染,加速淘汰尾气严重超标的老旧车辆。同时,可以及时发现尾气排放状况不佳的车辆,使其相关部件得到维修、清洗、更换或正确调整,从而使车辆恢复正常工作状态,更加有效地控制机动车对环境的污染。简易瞬态法的测量结果为汽车单位行驶里程的污染物排放量(测量结果单位为g/km),有利于机动车排放因子的计算,以及建立机动车排放清单,有利于对机动车排气污染物实施总量控制。与上述的双怠速检测方法相比,具有误判率较低,能有效防止调校作弊行为,同时也能对汽车的氮氧化物排放进行检测,可为在用车监管提供更加科学、客观的依据。

五、简易稳态工况法

轻型点燃式发动机汽车简易稳态工况污染物排放检测系统(简称 ASM 系统)是基于轻型车(总质量为 3500kg 以下的 M、N 类车辆)污染物浓度排放的测试系统。它用轻型底盘测功机对被检车辆进行道路阻力模拟加载,在 25km/h、40km/h 等速工况下测量尾气排放。与双怠速测量方法相比,与实际道路的相关性较好,且操作简单、重复性好。《点燃式发动机汽车排气污染物排放限值和测量方法(双怠速法及简易工况法)》(GB 18285—2005)给出了 ASM 稳态工况测量方法,《汽油车稳态工况法排气污染物测量设备技术要求》(HJ/T 291—2006)给出了底盘测功机、尾气分析仪、微机控制系统等设备要求,《确定点燃式发动机在用汽车简易工况法排汽污染物排放限值的原则和方法》(HJ/T 240—2005)给出了排放限值的确定原则和方法。

简易稳态工况法测试原理:ASM 工况法试验系统由轻型底盘测功机、五气分析仪、电气控制系统、计算机控制软件、助手仪(如电视机)、车辆散热风扇、安全保护装置等组成,如图 3-4 所示。

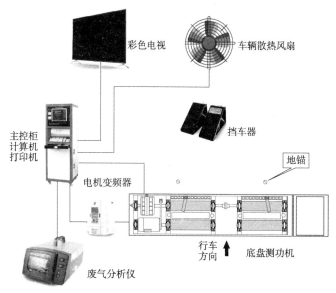

图 3-4　ASM 工况法试验系统图

被检车辆驱动轮停放到底盘测功机上,车辆起动,由检验员将车速控制稳定到规定工况速度(25km/h 及 40km/h 两个工况),由电气控制系统控制调节功率吸收装置,使得加载到滚筒表面的总吸收功率 THP 为测试工况下的给定加载值时,车辆稳定带载荷运行。五组分分析仪测量车辆的尾气排放中各成分的含量,通过分析仪自带的环境测试单元测取温度、湿度、气压参数,计算出稀释系数(DF),然后计算出校正后的 CO、HC、NO 排放浓度值,并给出合格性评价。测试过程中,控制系统发出操作指令,由助手仪(如电视机等)显示,引导检验员操作,车辆散热风扇对车头吹风散热,安全装置用于保护测试时的车辆运行安全。对不同车辆,GB 18285—2005 给出加载设定功率的公式如下:

$$P_{5025-2} = RM/148$$
$$P_{2540-2} = RM/185$$

式中：RM——基准质量，kg；

P_{5025-2}——滚筒直径为218mm的测功机ASM5025工况下设定功率值，kW；

P_{2540-2}——滚筒直径为218mm的测功机ASM2540工况下设定功率值，kW。

测功机对车辆加载功率时的指示功率：
$$IHP = P - PHLP$$

式中：IHP——在指定的测试工况下，测功机的指示功率，kW；

P——在指定的测试工况下，根据基准质量计算得到的设定功率值，kW；

$PHLP$——在指定的测试工况下，测功机内部损耗功率，kW。

六、柴油机排放污染物检测

透射式烟度计又称不透光烟度计，适应于自2001年10月1日起至《车用压燃式发动机和压燃式发动机汽车排气烟度排放限值及测量方法》(GB 3847—2005)实施之日生产的汽车，按要求进行自由加速试验，所测得的排气光吸收系数不应大于以下数值：自然吸气式，$2.5m^{-1}$；涡轮增压式，$3.0m^{-1}$。不透光烟度法是指被测气体封闭在一个内表面不反光的容器内。不透光烟度计的显示仪表有两种计量单位，一种为绝对光吸收系数单位，从0到趋于∞（m^{-1}）；另一种为不透光度的线性分度单位，从0到100%。两种计量单位的量程，均应以光全通过时为0，全遮挡时为满量程。

1. 工作原理

透射式烟度计是利用透射光衰减率来测量排气烟度的典型仪器。其原理是使光束通过一段给定长度的气室，通过测量烟气中颗粒物对光的吸收程度来衡量颗粒物的污染程度。如图3-5所示，测量单元的测量气室是一根分为左、右两半部分的圆管，被测烟气从中间7进入，分别穿过测量室左出口和测量室右出口排出。半反射透射镜3和透镜4把光源2发出的恒定光束汇聚成平行光透过测量气室，经反射镜10到达光电转换器1上并转换成电信号。排气中含烟越多，平行光穿过测量室的光能衰减越大，经光电转换器1转换的光电信号就越弱。左风扇6和右风扇9，一方面是为了保护透镜免受烟气污染，另一方面是为了将烟气导出，形成恒定长度的烟柱而设计的。

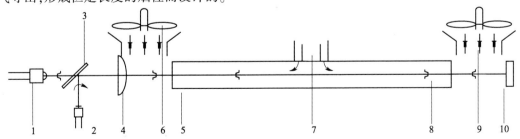

图3-5 透射式烟度计测量装置结构图

1-光电转换器；2-绿色发光二极管；3-半反射半透射镜；4-透镜；5-测量室左出口；6-左风扇；7-测量室入口；8-测量室右出口；9-右风扇；10-反射镜

2. 基本结构

透射式烟度计整体结构主要由测量单元、控制单元、取样探头、取样管、连接电缆等组成,如图3-6所示。

图3-6 透射式烟度计整体结构图

七、柴油车加载减速LUGDOWN法

加载减速LUGDOWN法来自香港。香港环境保护署于2000年6月颁布了修订后的柴油车加载减速排放限值和测量方法,对柴油车分为5.5t以下级和5.5t以上级两个级别,是一种带负荷的测试方法,其检测结果能良好地反映车辆在道路上的实际排放状况,是科学、先进、实用的检测方法。与自由加速法检测方法相比,具有误判率较低,能有效防止调校作弊行为,同时也能对汽车的烟度排放进行检测,可为在用车上路达标排放提供更加科学、客观的依据。

柴油车加载减速LUGDOWN法原理:压燃式发动机汽车加载减速工况污染物排放检测系统(简称LUG DOWN系统),分轻型车与重型车检测系统。轻型车检测系统是基于轻型车(总质量为3500kg以下的压燃式发动机汽车)烟度排放的测试系统,应能测试最大单轴轴荷为2750kg的车辆。重型车检测系统是基于重型车(总质量为3500kg以上的压燃式发动机汽车)烟度排放的测试系统,应能测试最大单轴轴荷为8000kg以下的车辆或最大总质量为14000kg的车辆;对于使用3轴6滚筒的底盘测功机,应能测试最大双轴轴荷为22000kg的车辆。它用底盘测功机对被检车辆在最接近70km/h时速的挡位,加载测量,测取与评价VelMaxHp(最大轮边功率点相对应的发动机转速和测功机转毂线速度)、90% VelMaxHp、80% VelMaxHp工况下的烟度值。与自由加速烟度测量方法相比,与实际道路的相关性较好。但设备造价较高,对被检车辆要做好安全防护。

LUG DOWN工况法试验系统由底盘测功机、透射式烟度计、电气控制系统、计算机控制软件、助手仪(如电视机)、车辆散热风扇、安全保护装置等组成,如图3-7所示。

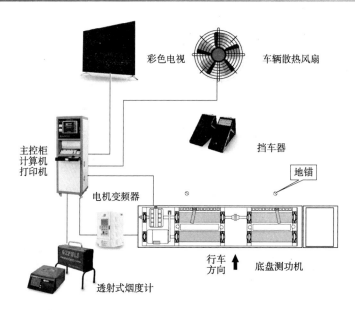

图 3-7 LUG DOWN 工况法试验系统图

"加载减速 LUGDOWN 法"在 3 个加载工况点测试烟度。3 个测量点分别是最大功率点、最大功率对应转速的 90% 转速点和最大功率对应转速的 80% 转速点。测试时将采样探头插入机动车排气管中，插入深度不得低于 400mm。接好不透光烟度仪。测试数据包括轮边功率、发动机转速和排气烟度。只有轮边最大功率、发动机转速范围和 3 个工况点测得的光吸收系数 k 或烟度值均满足标准限值，排放测试才判定为合格。测试设备主要包括底盘测功机、不透光烟度计和发动机转速计，由计算机控制系统集中控制。底盘测功机主要由滚筒、功率吸收单元(PAU)、惯量模拟装置等组成。不透光烟度计采用分流式内置不透光测量的原理。

由于测试和数据采集是完全自动的，不透光烟度计需满足以下技术要求：采样速率——不透光度仪的采样频率为每秒至少 10 次；数据通信——不透光度仪须配备与测功机控制单元的数据采集方式兼容的数据传输装置。控制系统测功机应配备自动控制模块来进行烟度测试。控制模块的软件应能直接控制不透光烟度计和转速传感器，自动完成测试程序。加载减速测试一般应在 2min 内完成，最长不能超过 3min。控制模块通过监控下述参数来完成测试规程和数据采集：车辆行驶速度、测功机的吸收功率、发动机转速和排气烟度。控制模块应配备实时显示器，显示发动机转速及相应的吸收功率。

按国家有关法律规定，地方上所采用的对压燃式发动机在用汽车进行加载减速法排气烟度检测的排放标准，由省级人民政府批准、发布。省级人民政府可委托其环境保护行政主管部门制订地方排放标准。排放标准中规定了根据生产日期划分的不同类型汽车的排气烟度排放限值范围，最低限值为各地方城市开始实施本检测方法时的最低要求；最高限值为经过检测与维护后，该车种应最终达到的限值标准。

操作指引

1. 组织方式

(1) 场地设施：举升机 1 台，装有废气抽排系统和消防设施的场地。

(2)设备设施:自动挡轿车。
(3)工量具:常用工具(1套)、底盘测功机、尾气分析仪、透射式烟度计、电气控制系统、计算机控制软件及助手仪(如电视机)、车辆散热风扇、安全保护装置等。
(4)耗材:保险丝、线束、空气流量计等。

2. 操作要求

(1)穿着干净整齐的工作服。
(2)遵守场地安全规定,注意用电安全。
(3)正确使用万用表、诊断仪等工量具。
(4)在检测空气流量计时,严禁用力拉扯线束。

 任务实施

1. 汽油机双怠速检测方法

测试过程操作如下。
(1)在发动机上安装转速传感器(转速计)和油温仪。
(2)发动机由怠速工况加速至70%额定转速,维持运转30s后降至高怠速工况(轻型车2500r/min±100r/min,重型车1800r/min±100r/min)。
(3)尾气分析仪取样探头插入排气管400mm深并固定。
(4)发动机稳定维持高怠速15s后(以转速偏差判断),尾气分析仪开始取值,读取30s内的最高值和最低值,取平均数为高怠速排放测量结果,此过程中发动的实际转速上下不超过100转。
(5)发动机由高怠速工况降至怠速工况;待发动机稳定怠速15s后,尾气分析仪开始取值,读取30s内的最高值和最低值,取平均数为怠速排放测量结果;多排气管时取各排气管的平均测量结果(表3-2)。

在用汽车排气污染物排放限值(体积分数)　　　　表3-2

车 型	类 别			
	怠 速		高 怠 速	
	CO%	HC%	CO%	HC%
1995年7月1日前生产的轻型汽车	4.5	1200	3.0	900
1995年7月1日起生产的轻型汽车	4.5	900	3.0	900
2000年7月1日起生产的第一类轻型汽车1	0.8	150	0.3	100
2001年10月1日起生产的第二类轻型汽车	1.0	200	0.3	150
1995年7月1日前生产的重型汽车	5.0	2000	3.5	1200

续上表

车　型	类　别			
	怠　速		高　怠　速	
	CO%	HC%	CO%	HC%
1995年7月1日起生产的重型汽车	4.5	1200	3.0	900
2004年9月1日起生产的重型汽车	1.5	250	0.7	200

注：对于2001年5月31日以后生产的5座以下（含5座）的微型面包车，执行此类在用车排放限值。

2．汽油机简易瞬态工况法测试过程及限值

（1）根据需要在发动机上安装冷却水和润滑油测温计等测试仪器。

（2）驱动轮停在转鼓上，将分析仪取样探头插入排气管中，深度为400mm以上，固定于排气管上。

（3）按照试验运转循环开始进行试验（图3-8）。

①起动发动机。

a．按照制造厂使用说明书的规定，使用起动装置，起动发动机。

b．发动机保持怠速运转40s。在40s终了时开始循环，并同时开始取样。

②怠速。

a．手动或半自动变速器：怠速期间，离合器接合，变速器置空挡；为了按正常循环进行加速，车辆应在循环的每个怠速后期，加速开始前5s离合器脱开，变速器置一挡。

b．自动变速器：在实验开始时，放好选择器后，在试验期间，任何时候不得再操作选择器。除非出现以下情况：在加速不能在规定时间内完成，则应按手动变速器的要求，操作挡位选择器，或选择器可以使超速挡工作。

③加速。

a．进行加速时，在整个工况过程中，应尽可能使加速度恒定。

b．若加速度未能在规定时间内完成，如有可能，超出的时间应从工况改变的复合公差允许的时间中扣除，否则，必须从下一等速工况的时间内扣除。

④减速。

a．在所有减速工况时间内，应使加速踏板完全松开，离合器结合，当车速降至10km/h时，离合器脱开，但不操作变速杆。

b．如果减速时间比响应工况规定的时间长，则应使用车辆的制动器，使循环按照规定的时间进行。

c．如果减速时间比响应工况规定的时间短，则应在下一个等速或怠速工况时间中恢复至理论循环规定的时间。

⑤等速。

a．从加速过渡到下一等速工况时，应避免猛踏加速踏板或关闭节气门。

b．等速工况应采用保持加速踏板位置不变的方法实现。

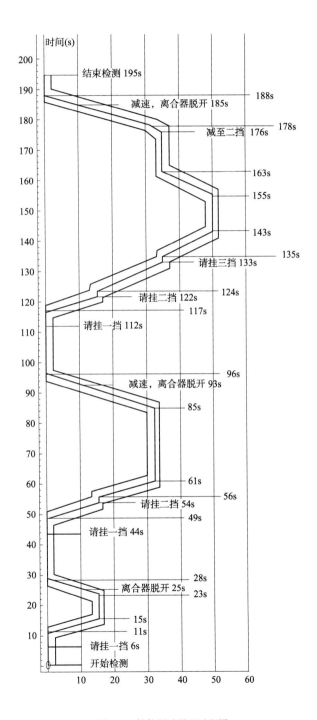

图 3-8 软件测试界面过程图

⑥循环终了时(车辆停止在转鼓上),变速器至于空挡,离合器结合。同时停止取样。

HJ/T 240—2005 标准中规定最低限值为各地方城市开始实施本检测方法时的最低要求;最高限值为经过检测与维护制度,该车种应最终达到限值标准。各地方城市可在最低限值与最高限值之间根据各自情况调整本地区的限值标准,也可根据车辆类型划分不同限值。

对于 2000 年 7 月 1 日以前生产的第一类型汽车和 2001 年 10 月 1 日以前生产的第二类轻型汽车,参考的简易瞬态工况法排放限值见表 3-3。

简易工况法排放污染物排放限值 Ⅰ(参考)　　表 3-3

基准质量(RM) (kg)	急速			高急速		
	CO (g/km)	HC (g/km)	NO_x (g/km)	CO (g/km)	HC (g/km)	NO_x (g/km)
$RM \leq 1020$	41.9	5.9	6.7	22	3.8	2.5
$1020 < RM \leq 1470$	45.2	6.6	6.9	29	4.4	3.5
$1470 < RM \leq 1930$	48.5	7.3	7.1	36	5.0	3.8
$RM > 1930$	51.8	8.0	7.2	39	5.2	3.9

对于 2000 年 7 月 1 日起生产的第一类轻型汽车和 2001 年 10 月 1 日起生产的第二类轻型汽车,参考的简易瞬态工况法排放限值见表 3-4。

简易瞬态工况法排放污染物排放限值 Ⅰ(参考)　　表 3-4

车 辆 类 型		基准质量(RM) (kg)	最低限值		最高限值	
			CO (g/km)	$HC + NO_x$ (g/km)	CO (g/km)	$HC + NO_x$ (g/km)
第一类车		全部	12.0	4.5	6.3	2.2
第二类车	Ⅰ类	$RM \leq 1250$	12.0	4.5	6.3	2.0
	Ⅱ类	$1250 < RM \leq 1700$	18.0	6.3	12.0	2.9
	Ⅲ类	$1700 < RM$	24.0	8.1	16.0	3.6

3. 汽油机简易稳态工况法测试过程

《点燃式发动机汽车排气污染物排放限值及测量方法(双急速法及简易工况法)》(GB 18285—2005)附录 B 规定的测试工况,包括 ASM5025 和 ASM2540 两个测试工况。

车辆驱动轮位于测功机滚筒上,将分析仪取样探头插入排气管中,深度为 400mm,并固定于排气管上。对独立工作的多排气管应同时取样。

1) ASM5025 工况(表 3-5)

车辆经预热后,加速至 25km/h,测功机根据测试工况要求加载,工况计时器开始计时($t = 0s$),车辆保持 25km/h ± 1.5km/h 等速 5s 后开始检测。当测功机转速和扭矩偏差超过设定值的时间大于 5s,检测应重新开始。然后系统开始预置 10s 之后开始快速检查工况,计时器为 $t = 15s$ 时分析仪器开始测量,每秒钟测量一次,并根据稀释修正系数及湿度修正系数计算 10s 内的排放平均值。持续运行 10s($t = 25s$),即为 ASM5025 快速检查工况。

快速检查工况结束。车辆运行至 90s($t = 90s$),ASM5025 工况结束。测功机在车速 25.0km/h ± 1.5km/h 的允许误差范围内,加载转矩应随车速的变化作相应的调整,保证加载功率不随车速改变。转矩允许误差为该工况设定转矩的 ±5%。在测量过程中,任意连续 10s 内第一秒至第十秒的车速变化相对于第一秒小于 ±0.5km/h,测试结果有效。快速检查工况的10s内的排放平均值经修正后如果等于或低于限值的50%,则测试合格,检测结束;否则应继续进行至90s工况。如果所有检测污染物连续10s的平均值均低于或等于限值,则该车应判定为ASM5025工况合格,继续进行ASM2540检测;如任何一种污染物连续10s的平均值超过限值,则测试不合格,检测结束。在检测过程中如任意连续10s内的任何一种污染物10次排放值经修正后均高于限值的500%,则测试不合格,检测结束。

2) ASM2540工况(表3-5)

车辆从25km/h直接加速至40km/h,测功机根据测试工况要求加载,工况计时器开始计时($t=0s$),车辆保持40km/h±1.5km/h等速5s后开始检测。当测功机转速和转矩偏差超过设定值的时间大于5s,检测应重新开始。然后系统开始预置10s之后开始快速检查工况,计时器为$t=15s$时分析仪器开始测量,每秒钟测量一次,并根据稀释修正系数及湿度修正系数计算10s内的排放平均值。运行10s($t=25s$)ASM2540快速检查工况结束。车辆运行至90s($t=90s$)ASM2540工况结束。测功机在车速40.0km/h±1.5km/h的允许误差范围内,加载扭矩应随车速的变化作相应的调整,保证加载功率不随车速改变。转矩允许误差为该工况设定扭矩的±5%。在测量过程中,任意连续10s内第一秒至第十秒的车速变化相对于第一秒小于±0.5km/h,测试结果有效。快速检查工况的10s内的排放平均值经修正后如果等于或低于限值的50%,则测试合格,检测结束;否则应继续进行至90s工况。如果所有检测污染物连续10s的平均值均低于或等于限值,则该车应判定为合格。如任何一种污染物连续10s的平均值超过限值,则测试不合格,检测结束。在检测过程中如任意连续10s内的任何一种污染物10次排放值经修正后如高于限值的500%,则测试不合格,检测结束,如图3-9所示。

ASM 测 试 表　　　　　表3-5

工 况	动转次序	速度(km/h)	操作时间(mt)s	测试时间(t)s
5025	1	25	5	—
	2	25	15	
	3	25	25	10
	4	25	90	65
2540	5	40	5	—
	6	40	15	
	7	40	25	10
	8	40	90	65

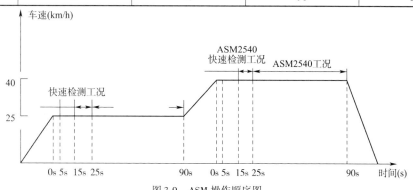

图3-9　ASM操作顺序图

表 3-6 和表 3-7 中规定的最低限值为各地方城市开始实施本检测方法时的最低要求;最高限值为经过检测与维护制度,该车种应最终达到的限值标准。各地方城市可在最低限值与最高限值之间根据各自情况调整本地区的限值标准,也可根据车辆年度类型划分不同限值。

对于 2000 年 7 月 1 日以前生产的第一类轻型汽车和 2001 年 10 月 1 日以前生产的第二类轻型汽车,参考的稳态工况法排放限值见表 3-6。其中 CO 的单位为%、HC 的单位为 ppm,NO 的单位为 ppm。

稳态工况法排放污染物排放限值   表 3-6

基准质量(RM) (kg)	最低限值						最高限值					
	ASM5025			ASM2540			ASM5025			ASM2540		
	HC	CO	NO	HC	CO	NO	HC	CO	NO	HC	CO	NO
$RM \leq 1020$	230	2.2	4200	230	2.9	3900	120	1.3	2600	110	1.4	2400
$1020 < RM \leq 1250$	190	1.8	3400	190	2.4	3200	100	1.1	2100	90	1.2	2000
$1250 < RM \leq 1470$	170	1.6	3200	170	2.1	2800	90	1.0	1900	80	1.1	1750
$1470 < RM \leq 1700$	160	1.5	2650	150	1.9	2500	80	0.9	1700	80	1.0	1550
$1700 < RM \leq 1930$	130	1.2	2200	130	1.6	2050	70	0.8	1400	70	0.8	1300
$1930 < RM \leq 2150$	120	1.1	2000	120	1.5	1850	60	0.7	1300	60	0.8	1150
$2150 < RM \leq 2500$	110	1.1	1700	110	1.3	1600	60	0.6	1100	50	0.7	1000

对于 2000 年 7 月 1 日起生产的第一类轻型汽车和 2001 年 10 月 1 日起生产的第二类轻型汽车,参考的稳态工况法排放限值见表 3-7。

稳态工况法排放污染物排放限值   表 3-7

基准质量(RM) (kg)	最低限值						最高限值					
	ASM5025			ASM2540			ASM5025			ASM2540		
	HC	CO	NO	HC	CO	NO	HC	CO	NO	HC	CO	NO
$RM \leq 1020$	230	1.3	1850	230	1.5	1700	120	0.6	950	110	0.6	850
$1020 < RM \leq 1250$	190	1.1	1500	190	1.2	1350	100	0.5	800	90	0.5	700
$1250 < RM \leq 1470$	170	1.0	1300	170	1.1	1200	90	0.5	700	80	0.5	650
$1470 < RM \leq 1700$	160	0.9	1200	150	1.0	1100	80	0.4	600	80	0.4	550
$1700 < RM \leq 1930$	130	0.8	1000	130	0.8	900	70	0.4	500	70	0.4	450
$1930 < RM \leq 2150$	120	0.7	900	120	0.8	800	60	0.3	450	60	0.3	450
$2150 < RM \leq 2500$	110	0.6	750	110	0.7	700	60	0.3	400	50	0.3	350

4. 不透光烟度法操作规程

(1)仪器通电预热 15min 以上,预热结束后,仪器进行自动校准。

(2)将测量单元放于车辆排气管侧边,并与废气扩散方向保持直角,以避免废气进入保护气幕而影响测量结果。采用至少 3 次自由加速过程或其他等效方法对排气系统进行吹拂。

(3)发动机在怠速状态,将取样探头固定于排气管内,插入深度为300mm,并使其中心线与排气管轴线平行。

(4)发动机包括所有装有废气涡轮增压的发动机,在每个自由加速循环的起点均处于怠速状态。对重型发动机,将加速踏板放开后至少等待10s。

(5)在进行自由加速测量时,必须在1s内,将加速踏板快速、连续地完全踩到底,使喷油泵在最短时间内供给最大油量。

(6)对每一个自由加速测量,在松开加速踏板前,发动机必须达到断油点转速(如果没有该数据值,则应达到断油转速的2/3)。

在测量过程中必须进行检查。通过监测发动机转速,或延长加速踏板踏到底后与松开加速踏板前的间隔时间,对于重型汽车,该间隔时间应至少为2s。

(7)计算结果取最后3次自由加速测量结果的算术平均值。在计算均值时可以忽略与测量均值相差很大的测量值。

5. 柴油车加载减速 LUGDOWN 法试验方法

1)预先检查

(1)对车辆进行身份确认和安全检查,待检车辆完成检测登记后,驾驶检测员应将车辆驾驶到底盘测功机前等待检测,并进行车辆的预先检查,检查可分两部分:车辆身份确认和安全检查。车辆预检不合格,不允许进行检测。

检测员仔细检查车辆,确认车辆与车辆行驶证相符合。若车辆身份无法确认,不允许参加测试。安全检查用于确定车辆是否适合进行加载减速测试。检测员应彻底检查车辆的状况。如果出现下列情况或缺陷(具体项目见表3-8),均不能进行检测,待检修合格后才能进行检测。

安全检查项目表　　　　　表3-8

项　目	内　　容
仪表	里程表失灵;机油压力偏低;冷却液温度表失灵;空气制动阀压力偏低
制动	车辆制动失灵
机动车车身和结构	驾驶员无法在短时间内打开车门;车身的任何部分与车轮或传动轴相接触;在加载和卸载时,车身部件有可能损坏检测设备
发动机系统	无法加满冷却液;冷却系统泄漏;散热器管路有裂缝;冷却风扇损坏或无法正常工作;冷却风扇皮带损坏;发动机机油量不足;发动机工作过程中,机油严重泄漏;机油泄漏到排气系统上;涡轮增压器的润滑油可能泄漏;发动机空气滤清器丢失或损坏,或中冷器严重堵塞;真空管损坏;供油系统(高压油泵或喷油器)故障;调速器工作不正常;怠速时排气管排出过浓的白烟蓝烟;燃料油油位偏低;发动机进排气管松脱;发动机排放系统严重泄漏;发动机异响
变速器	变速器油严重泄漏;变速器异响
驱动轴和轮胎	固定螺钉松动或丢失;轮胎损坏;轮胎橡胶磨损超过厂商设定的警告线;轮胎在行驶中不正常膨胀,或轮胎等级低于70km/h;使用了不符合尺寸的轮胎;轮胎有径向或横向裂纹;轮胎间夹杂其他物体

(2)对受检车辆调整。

在将车辆驾驶上底盘测功机前,检测员还应对受检车辆进行以下调整:中断车上所有主动型制动功能和扭矩控制功能(自动缓速器除外),例如中断制动防抱死系统(ABS)、电子稳定程序(ESP)等;关闭车上所有以发动机为动力的附加设备,或切断其动力传递机构;除检测驾驶员外,受检车辆不能载客,也不能装载货物,不得有附加的动力装置。必要时,可以用测试驱动桥质量的方法来判断底盘测功机是否能够承受待检车辆驱动桥的质量。

在检测准备工作中,应特别注意以下事项:对非全时四轮驱动车辆,应选择后轮驱动方式;对紧密型多驱动轴的车辆,或全时四轮驱动车辆,不能进行加载减速检测,应进行自由加速排气烟度排放检测。

(3)检测系统的检查。

检测系统检查的目的是为了判断底盘测功机是否能够满足待检车辆的功率要求,同时检查检测系统的工作状态是否正常。

如果待检车辆通过了预检程序,检测员按以下步骤将待检车辆驾驶到底盘测功机上:举起测功机升降板,并检查是否已将转鼓牢固锁好;小心将车辆驾驶到底盘测功机上,并将驱动轮置于转鼓中央位置。

注意:除测功机允许双向操作外,一定要按测功机的规定方向驶入,否则有可能损坏底盘测功机,当驱动轮位于转鼓鼓面上时,严禁使用倒挡。

放下测功机升降板,松开转鼓制动器。待完全放下升降板后,缓慢驾车使受检车辆的车轮与试验转鼓完全吻合;轻踩制动踏板使车轮停止转动,发动机熄火;按照测功机设备商的建议将非驱动轮楔住,系扣车辆安全限位装置。对前轮驱动的车辆,应有防侧滑措施。应为受检车辆配备辅助冷却风扇,应掀开大型机动车的动力舱盖板,保证冷却空气流通顺畅,以防止发动机过热。

(4)检测准备。

连接好发动机转速传感器,以测量发动机转速;选择合适的挡位,使加速踏板在最大位置时,受检车辆的最高车速最接近70km/h。由计算机判断测功机是否能够吸收受检车辆的最大功率,如果车辆的最大功率超过了测功机的功率吸收范围,不能进行检测。

(5)检测前的最后检查。

如果受检车辆顺利通过了上述规定的检测,则可以接着进行下述加载减速排气烟度检测。在开始检测以前,检测员必须检查用于通信的系统是否能够正常工作。除检测员外,在检测过程中,其他人员不得在测试现场逗留。如果发动机冷却液温度低于正常温度,应进行发动机预热操作。这时需要将测功机切换到手动控制模式,检测驾驶员应在小负荷下预热发动机,直到冷却液的温度达到制造厂规定的正常温度范围为止。

发动机熄火,变速器置空挡,检查不透光烟度计的零刻度和满刻度。检查完毕后,将合适尺寸的采样探头插入受检车辆的排气管中,注意连接好不透光烟度计,采样探头的插入深度不得低于400mm。不应使用太大尺寸的采样探头,以免受检车辆的排气背压过大,影响输出功率。在检测过程中,必须将采样气体的温度和压力控制在规定的范围内,必要时可对采样管进行适当冷却,但要注意不能使测量室内出现冷凝现象。

2)柴油车加载减速LUGDOWN法测试过程

(1)首先提示检测员检查行驶证,并对车辆的识别号(VIN)或底盘号进行核查,检查结果需输入指定的字段。若检测未通过,则不能继续进行检测。

(2)机功率吸收装置(PAU)处于较低的负荷(与速度呈线性关系),其上限的缺省值不超过10kW(在70km/h速度时)。

(3)检测员选择合适的挡位,将加速踏板置于全开位置,车速应尽可能接近70km/h。如果两个挡位的接近程度相同,检测时需选用低速挡。对于自动变速车辆,应使用D挡(D-range)进行试验,不得使用超速挡(Over-drive Range)进行。

(4)加速踏板全开,发动机转速稳定后,控制程序将此时的发动机转速设定为最大发动机转速(MaxRPM)。根据输入的发动机标定转速,计算最大功率下的转鼓线速度(VelMaxHP):VelMaxHP = 当前转鼓线速度×发动机标定转速/MaxRPM。

(5)根据下式确定所需最小轮边功率。

所需最小轮边功率 = 发动机标定功率×(100% - 功率损失百分比)

如果没有特殊要求,功率损失百分比的默认值是50%。在PAU加载之前,通过输入的发动机标定转速和发动机标定功率确定转鼓表面的最大力和PAU的吸收功率。在进行污染物检测前确认转鼓和PAU是否可以接受该力和功率。如果最大力或功率超过了测功机的检测能力,将终止测试程序。

(6)如果通过了上述检测,检测控制系统将自动控制PAU开始加载减速过程。

(7)首先自记录的MaxRPM转速开始进行功率扫描,以确定实际峰值功率下的发动机转速。在速度控制模式下,当转鼓速度大于计算的VelMaxHP时,速度变化率不得超过0.5km/h/s;如果转鼓速度低于计算的VelMaxHP时,速度变化率不得超过1.0km/h/s。在任何时候,转鼓的速度变化率都不得超过2.0km/h/s。

(8)真实VelMaxHP的确定:进行功率扫描时,在功率随发动机转速变化的实时曲线上确定最大轮边功率,并将扫描得到的最大轮边功率时的转鼓线速度记为真实的VelMaxHP。

(9)在获得真实的VelMaxHP之后,继续进行功率扫描过程,直到转鼓线速度比实际的VelMaxHP低20%为止。

(10)在结束了功率扫描并确定了真实的VelMaxHP后,控制系统立即改变PAU负载,并控制转鼓速度回到真实的VelMaxHP值,以进行加载减速检测。系统按照同样的次序完成对以下三个速度段的检测:真实的VelMaxHP、90%的VelMaxHP和80%的VelMaxHP。

(11)将在三个检测速度段的测量得到的光吸收系数k、发动机速度、转鼓线速度和轮边功率的数据作为检测结果。在每个检测点,在读数之前转鼓速度应至少稳定3s,光吸收系数k、发动机转速和轮边功率数据则需在转鼓速度稳定后读取5s内的平均值。

(12)加载检测过程结束后,控制系统应及时提示驾驶检测员松开加速踏板并换到空挡,但是不允许使用任何车辆制动装置。

(13)在关闭发动机之前,将车辆置于怠速状态至少1min,控制系统应自动记录怠速转速数据。

各地方城市可在最低限值与最高限值之间根据各自情况调整本地区的限值标准,也可根据车辆年度类型划分不同限值,见表3-9。

加减速排放限值范围　　　　　　　　　表3-9

车　　　　型		光吸收系数
轻型车	重型车	（m^{-2}）
2005年7月1日起生产的第一类轻型汽车和2006年7月1日起生产的第二类轻型汽车	2004年9月1日起生产的重型车	1.00～1.39
2000年7月1日起生产的第一类轻型汽车和2001年10月1日起生产的第二类轻型汽车	2001年9月1日起生产的重型车	1.39～1.86
2000年7月1日以前生产的第一类轻型汽车和2001年10月1日以前生产的第二类轻型汽车	2001年9月1日以前生产的重型车	1.86～2.13

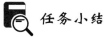 任务小结

（1）为了有效地控制车辆的尾气排放污染物，国家环保总局颁布了《点燃式发动机汽车排气污染物排放限值及测量方法（双怠速法及简易工况法）》（GB 18285—2005）、《车用压燃式发动机和压燃式发动机汽车排气烟度排放限值及测量方法》（GB 3847—2005）、《城市车辆用柴油发动机排气污染物排放限值及测量方法（WHTC工况法）》（HJ 689—2014）、《轻型汽车污染物排放限值及测量方法（中国第五阶段）》（GB 18352.5-2013）等标准文件。

（2）目前汽油车常用的尾气检测方法主要有：怠速法、双怠速法、稳态工况检测法和简易瞬态工况法。

（3）《车用压燃式发动机和压燃式发动机汽车排气烟度排放限值及测量方法》（GB 3847—2005）对使用各类压燃式发动的机动车排放规定了新要求和限值，为上路机动车合格排放提供了有效有力的依据。当前柴油车尾气排放的检测方法主要有：自由加速法、柴油车加载减速LUGDOWN法等。

 不合格原因分析

1. 废气分析仪测量误差原因

（1）背景气中干扰组分造成的测量误差。

所谓干扰组分就是指与待测组分特征吸收波带有交叉或重叠的其他组分。为了消除干扰组分的干扰，准确检测待测组分的浓度，可采取多种措施，如设置滤波气室或干涉滤光片，使这些干扰组分特征吸收波带的光在进入测量气室或检测器之前就被吸收掉，只让待测组分特征吸收波带的光通过。

水分干扰：水分广泛存在于工艺气体中，生产状态的变化，预处理运行的变化，环境温度、压力的变化，都会使进入分析仪中的气样的含水量发生变化。水分在 1～9μm 波长范围内几乎有连续的吸收带，其吸收带和许多组分特征吸收波带重叠在一起。当两者的吸收波带重叠时，即使采取前述措施，也难以消除水分干扰带来的测量误差。因为这些措施对水分和被测组分的作用是完全相同的，由于气样中水分的含量会随时变化，所以很难估计其对测量误差的影响。减少或降低水分对待测组分的干扰，目前的有效办法是在预处理系统中除水脱湿，降低气样的露点。常用的办法是采用带温控系统的冷却器降温除水。

为解决不同组分之间的交叉干扰和重叠干扰,采用模块化多组分分析仪,模块化多组分分析仪可以同时测量多种气体组分,因此可以通过计算来消除不同组分之间的干扰测量。典型的例子是:测量 SO_2 和 NO 的红外分析模块增加了 H_2O 的测量功能,用 H_2O 的测量值对 SO_2、NO 的测量值进行动态校正。测量 H_2 的热导模块,可同时测量 CO_2,用 CO_2 的测量值对 H_2 的测量值进行动态校正。

(2)样品处理过程可能造成的测量误差。

红外线分析仪的预处理系统承担着除尘、除水和温度、压力、流量调节等任务,处理后应使样品满足仪表长期稳定运行的要求,样品的温度、压力、流量恒定。当气样中含水量较大时,主要危害有以下几点。

①气样中存在水分会吸收红外辐射,从而给测量造成干扰。

②当水分冷凝在晶片上时,会产生较大的测量误差。

③水分存在会增强气样中腐蚀性组分的腐蚀作用。

④气样除水后可能造成气样的组分发生变化。

高含水的气样温度降至室温、过饱和的水析出后,各组分的浓度均会发生变化。若气样中有一些易溶于水的组分,这些组分被水部分溶解,会使个组分的浓度变化更大。工艺要求检测的浓度指标一般是指不含水分的"干气"中的含量,而经过预处理后的气样中水分不可能完全除掉,仍将占有一定的比例。随着预处理运行状况的变化,环境温度、压力的变化,气样中水含量亦随之变化,一些极性较强的组分如 CO_2、SO_2、NO 等,随着水温、气样压力及水气接触时间长短的不同而有不同的溶解度。为了降低气样含水的危害,在气样进入仪器之前应先通过冷却器降温除水(最好降至5℃以下),降低其露点,然后伴热保温,使其温度升高至40℃左右,送到分析仪进行分析。

由于红外线分析仪恒温在 50～60℃下工作,远高于气样的露点温度,气样中的水分就不会冷凝析出了。注意:不可采用水洗的办法对高温高含水样品加以处理,因为水洗时气样中易溶组分与水充分接触,会加大其溶解度,洗涤水中的溶解氧也会析出,从而导致样品组成的更大变化。

有时也采用干燥剂(如硅胶、分子筛、氯化钙或五氧化二磷)对低湿样品进行处理,但应慎重,因为干燥剂往往同时吸附其他组分,吸附量又易收环境温度压力变化的影响,反而会增大附加误差。

(3)电源频率变化造成的误差。

不同型号的红外线分析仪切光频率是不一样的,它们都是通过同步电机经齿轮减速后带动切光片转动。一旦电源频率发生变化,同步电机带动的切光片转动频率也发生变化,切光频率降低时,红外辐射光传到检测器后有利于光能的吸收,有利于提高仪表的灵敏度,但响应时间减慢。切光频率增高时,响应时间增快,但仪器的灵敏度下降。仪表在运行时,一旦供电频率变化超过仪表规定的范围,灵敏度将发生较大的变化,使仪表输出示值偏离正常示值。所以红外线分析仪供电电源要求频率稳定,波动不能超过 ±0.5Hz。

(4)不正确接地造成的影响。

现在的仪表内部通常都不止一个电源,而且有些电源还是相互隔离的,其电源回线即地线根据工作性质不同区分为模拟地、数字地、信号地、保护地等,多种电源及其地线交织在一起,处理不好会引起仪表的测量误差,甚至无法测量。所以仪表或系统的正确、良好接地很重要。

（5）环境温度和大气压力变化造成的影响。

红外线分析仪检测过程需在恒定的温度下进行。环境温度发生变化将直接影响红外光源的稳定,影响红外辐射的强度,影响测量气室连续流动的气样密度,还将直接影响检测器的正常工作(检测器的输出阻抗下降)。

红外分析仪内部一般设有温控装置和超温保护电路,即使这样,环境温度变化特别是在夏季对仪器的测量还是有影响的,最好安装在小屋内并设置空调。另外,如果没有必要,不要轻易打开分析仪箱门,一旦恒温区域被破坏,需较长时间才能恢复。

大气压力在同一个地区、同一天都会有变化,大气压力的变化,对气样放空的流速有直接影响,会使气室中气样的密度发生变化,从而造成附加误差。对一些微量分析或测量精确度要求很高的仪表,可增加大气压力补偿装置,以消除这种影响。对于中间量程(如测量范围 90%～100%)的红外分析仪,压力变化不但对灵敏度有影响,对"零点"也有影响,必须配置大气压力补偿装置。

（6）样品流速变化造成的影响。

样品的流速其实跟压力是紧密关联的,预处理系统运行中由于堵塞、带液或压力调节系统工作不正常,会造成气样流速不稳定,使气室中的气体密度发生变化,产生测量误差。为了减少流速波动造成的测量误差,取样点应选择在压力波动较小的地方,预处理系统设置稳压装置,能在压力波动较大条件下正常工作,并长期稳定运行。分析尾气放空排放管道不能安装在有背压、风口或易受扰动的环境中,放空排放管道最低点应设置排水阀。最好在检测气室出口设置背压调节阀门或性能稳定的气阻阀,以提高气室背压,减少流速变化对测量的影响,还可以提高仪表的灵敏度。

在日常维护中应定期检查气室的放空流速,一旦发现异常,应找出原因加以排除。

2. 不透光烟度计测量误差原因

（1）取样探头没按规定深度插入排气管。
（2）取样探头、管路堵塞及漏气,导致仪器测量数值偏小。
（3）测量单元与控制单元之间的测量信号电缆及电源电缆损坏。
（4）测量单元脏污,导致仪器测量数值异常或线性测试异常。
（5）温度传感器损坏,导致仪器测量数值偏差。
（6）光学部件脏,导致仪器测量数值偏差。
（7）没有进行校准操作,导致不透光度值超出范围。

3. 废气成分异常的原因

HC 的读数高,说明燃油没有充分燃烧。汽缸压力不足、发动机温度过低、油箱中油气蒸发、混合气由燃烧室向曲轴箱泄漏、混合气过浓或过稀、点火正时不准确、点火间歇性不跳火、温度传感器不良、喷油嘴漏油或堵塞、油压过高或过低等因素都将导致 HC 读数过高。

CO 的读数是零或接近零,则说明混合气充分燃烧。CO 的含量过高,表明燃油供给过多、空气供给过少,燃油供给系统和空气供给系统有故障,如喷油嘴漏油、燃油压力过高、空气滤清器不洁净。其他问题,包括活塞环胶结阻塞、曲轴箱强制通风系统受阻、点火提前角过大或水温传感器有故障等。CO 的含量过低,则表明混合气过稀,故障原因:燃油油压过低、喷油嘴堵塞、真空泄漏、EGR 阀泄漏等。

CO_2 是可燃混合气燃烧的产物,其高低反映出混合气燃烧的好坏,即燃烧效率。可燃混合气燃烧越完全,CO_2 的读数就越高,混合气充分燃烧时尾气中 CO_2 的含量达到峰值 13%~16%。当发动机混合气出现过浓或过稀时,CO_2 的含量都将降低。当排气管尾部的 CO_2 低于 12% 时,要根据其他排放物的浓度来确定发动机混合气的浓或稀。燃油滤芯太脏、燃油油压低、喷油嘴堵塞、真空泄漏、EGR 阀泄漏等将造成混合气过稀。而空气滤清器阻塞、燃油压力过高,都可能导致混合气过浓。

O_2 的含量是反映混合气空燃比的最好指标,也是最有用的诊断数据之一。可燃混合气燃烧越完全,CO_2 的读数就越高;与此相反,燃烧正常时,只有少量未燃烧的 O_2 通过汽缸,尾气中 O_2 的含量应为 1%~2%。O_2 的读数小于 1%,表示混合气过浓;O_2 的读数大于 2%,表示混合气太稀。导致混合气过稀的原因有很多,如燃油滤芯太脏、燃油油压低、喷油嘴堵塞、真空泄漏、EGR 阀泄漏等。而空气滤清器阻塞、燃油压力过高等都可能导致混合气过浓。

当 CO、HC 浓度高,CO_2、O_2 浓度低时,表明发动机混合气很浓。HC 和 O_2 的读数高,则表明点火系统工作不良,混合气过稀,而引起失火。

对于 2001 年以后上牌照的车辆,国家标准就严格得多,通常是指配备了电子燃油喷射加三元催化装置的轻型汽车。这一类汽车排放超标的故障形式往往是 CO 或 HC 轻微超过限值,在诊断这类车时往往发现其发动机控制系统无任何故障,氧传感器反应正常。这些都说明该车的三元催化系统存在问题,这主要有三元催化系统老化,效率下降;三元催化转换器质量较差;三元催化转换器安装位置不合理,正常工作时三元催化器达不到合适的工作温度等。这一类车辆如果出现排放较严重超标的情况,一般是发动机管理系统出现了较严重的问题,需要通过诊断仪器分析控制系统那些元件出现问题。

对于柴油机自由加速烟度超标的主要原因有:柴油机供油系调整不当,可通过喷油泵试验台进行高压油泵调校;发动机活塞与气缸配合间隙超差、活塞环磨损严重造成气缸压力下降,这种情况只有通过大修或更换活塞环来解决;有时柴油质量差也会造成燃烧不完全导致烟度超标。

学习任务2 汽车动力性能检测与评价

任务描述

汽车动力性能评价指标有:汽车最高车速、加速时间、最大爬坡度。

  学习目标

(1) 能描述底盘测功机的检测原理。
(2) 能说明底盘测功机结构和基本功能。
(3) 能描述底盘测功机的检验方法及要求。
(4) 能对比底盘测功机测试精度及分析不合格原因。

建议学时:4 学时。

  知识准备

汽车底盘测功机(以下简称底盘测功机)是利用室内台架模拟道路行驶工况检测汽车动力性的设备,也是测量多工况汽车尾气排放和油耗的道路阻力模拟加载装置,是一种多功能综合式的检测设备。汽车底盘测功机的产品制造依据为《汽车底盘测功机通用技术条件》(JT/T 445—2016)。

一、汽车底盘测功机的分类(表3-10)

汽车底盘测功机按结构可分为三大类。

汽车底盘测功机的分类　　　　　　　　　　　　　　　　表3-10

单轴式滚筒底盘测功机	双轴式滚筒底盘测功机	三轴六滚筒式底盘测功机
滚筒直径一般为 1000~2500mm	滚筒直径一般为 200~530mm	滚筒直径一般为 200~530mm
该类测功机的制造成本和测试精度较高,主要用于汽车制造厂、专业化实验室	该类测功机的制造成本和测试精度较低,主要应用于汽车检验检测机构和汽车维修企业	该类测功机承载轴荷为13t,适用于双轴驱动桥和单轴驱动车辆,主要应用于检验检测机构

二、汽车底盘测功机的主要功能(表3-11)

汽车底盘测功机一般具有以下功能。

汽车底盘测功机的主要功能　　　　　　　　　　　　　　表3-11

1	车辆驱动轮轮边车速和底盘输出功率检测	可按 GB 18565—2016 规定的额定功率工况和额定扭矩工况或自定义工况进行驱动轮轮边稳定车速和功率检测及试验
2	尾气简易工况法检测	增配相应设备及控制系统,可进行点燃式发动机汽车的稳态工况法(ASM)、简易瞬态工况法(VMAS)排气污染物检测,压燃式发动机汽车的加载减速(LUG DOWM)工况法检测

续上表

3	加速性能检测	按自定义参数测量汽车的加速时间
4	燃油经济性检测	配合油耗仪,可进行百公里油耗测试
5	速度表、里程表校验	按设定的测试点可进行车速表误差与里程表误差校验
6	反拖阻力测试	在测功机上加装变频器、驱动电机、测力传感器和同步带组成反拖装置,在 0~100km/h 范围内,对测功机台架空转阻力、汽车车轮滚动阻力、汽车底盘传动系阻力进行测量和效率计算

三、汽车底盘测功机基本结构

测功机由以下部分组成,如图 3-10 所示。

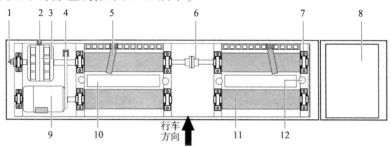

图 3-10 底盘测功机结构图

图 3-10 中各组成部分及功用见表 3-12。

底盘测功机各部分功用 表 3-12

标号	组成部件	功　用
1	测速传感器	测量滚筒的转速
2	扭力传感器	测量驱动扭力
3	功率吸收装置	用于模拟汽车在运行过程中所受的空气阻力、滚动阻力及爬坡阻力等
4	反拖传感器	测量电机反拖形成的扭力
5	自动(或手动)挡轮	用于前驱车测量时的前轮左右限位,防止检测时车头偏摆
6	联轴器	使左右两组滚筒转速一致以抵消汽车差速器的差速作用
7	滚筒轴承	用以支撑滚筒
8	飞轮组	汽车加速、滑行时的惯性力用飞轮及滚筒等旋转件的转动惯量模拟
9	反拖装置	反拖电机及其固定在定子上的反拖测力传感器用于测量台架空转阻力、车轮滚动阻力、汽车底盘传动系阻力
10	举升器	举升器便于车辆在台架驶入驶出
11	滚筒	用滚筒组模拟活动路面
12	轮胎挡轮	限制轮胎的横向移动

下面对几个重要的组成部件进行介绍。

(1)滚筒。滚筒是底盘测功机路面模拟系统的主要部件,其主要结构参数有滚筒直径、滚筒表面状况与安置角。

汽车底盘测功机多采用双滚筒式路面模拟系统，其车轮安放定位方便、制造成本低，故使用较多。滚筒一般为直径200～530mm的钢滚筒，主滚筒与驱动及功率吸收装置相连，副滚筒起支承作用。双滚筒试验台可采用两滚筒结构，由贯通左右的主、副长滚筒组成，其特点是支承轴承和台架的机械损失少，但刚度较差；也可采用四根短滚筒的结构，将主、副滚筒分别制成同轴的左、右两段，左、右主滚筒之间用联轴器相连，它较两滚筒多了四个支承轴承和一个联轴器，在检测过程中，其损失较大，但滚筒支承刚度好，被广泛采用。

滚筒的表面状况是指滚筒表面的加工方法和清洁程度（水、油和橡胶粉末的污染等）。车轮在滚筒上的驱动过程是一个摩擦过程，总摩擦力等于车轮与滚筒间附着力和转动阻滞力之和。滚筒与车轮间的附着系数必须满足模拟道路附着系数的要求，但在使用中会随速度增加而下降，其原因较为复杂：一方面是由于滚筒圆周速度提高，橡胶块与滚筒之间的嵌合程度越来越差，在未达到平衡状态之前便产生了滑动和振动；另一方面，随着速度的提高，接触面的温度上升加快，很快在滚筒表面形成了一层橡胶膜，降低了附着系数。

安置角是指车轮与滚筒接触点的切线方向与水平方向的夹角，如图3-11所示。安置角对滚动阻力的影响：由力偶平衡定理，对车轮在滚筒上匀速旋转时的受力可作以下分析。

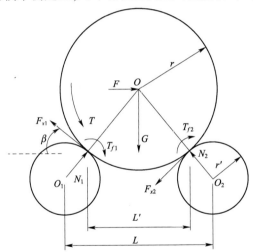

图3-11 车轮在滚筒上的受力

$$\sum T_O = 0 \tag{3-1}$$

$$T - T_{f1} - T_{f2} = (F_{x1} + F_{x2}) \cdot r \tag{3-2}$$

其中滚动阻力矩

$$T_{f1} = f \cdot N_1 \cdot r \tag{3-3}$$

$$T_{f2} = f \cdot N_2 \cdot r \tag{3-4}$$

所以车轮的滚动阻力为

$$T_f = f \cdot (N_1 + N_2) \tag{3-5}$$

式中：F_f——车轮的滚动阻力；
f——滚动阻力系数。

因此

$$N_1 + N_2 = \frac{G}{\cos\beta} \tag{3-6}$$

$$F_f = f \cdot \frac{G}{\cos\beta} \tag{3-7}$$

由上式可见,台架的滚动阻力系数随着安置角的增大而增大。

(2)功率吸收装置(加载装置)。汽车检测线使用的底盘测功机功率吸收装置的类型有电涡流式、水力式和电力式。水力式功率吸收装置的可控性较电涡流式差,电力测功机的成本比较高,故一般采用电涡流式功率吸收装置。电涡流测功器是利用滚筒通过万向节带动电涡流测功器的转子转动,从而在涡流环孔壁表面产生涡流电势,并产生电涡流,电涡流又与产生它的磁场相互作用,对转子产生制动力矩,进而通过滚筒对汽车驱动轮加上了负荷,吸收了汽车驱动轮上的输出功率。

(3)测量装置。测功器不能直接测出汽车驱动轮的输出功率值,它需要测出旋转运动时的转速与扭矩,或直线运动时的速度与牵引力,再换算成其功率值。所以,测功试验台必须配有测速装置与测力装置。

测速装置多为电测式,一般由速度传感器、中间处理装置和指示装置组成。速度传感器(图3-10中1)安装在从动滚筒一端,测定滚筒的角转速信号,通过运算后得出滚筒表面的切向线速度(即汽车速度)。

测力装置有机械式、液压式和电测式三种形式,目前应用较多的是电测式。电测式测力装置通过压力传感器(图3-10中2)将力变成电信号,经处理后送到指示装置显示出来。

在微机控制的底盘测功试验台上,测力传感器和速度传感器输出的电信号送入微机处理后,指示装置直接显示驱动轮的输出功率。

(4)反拖装置。采用反拖电机带动功率吸收装置、滚筒、车轮以及汽车传动系的一种装置,如图3-12所示。其基本结构由反拖电机、滚筒、车轮、扭矩仪(或电机悬浮测力装置)等组成。其特点是:一是可以方便检测汽车底盘测功机台架的机械损失;二是可以检测汽车传动系、主减速器、车轮与滚筒以及台架机械系统的阻力损失,但值得注意的是,在检测过程中,主减速器、车轮与滚筒的正向拖动和反向拖动阻力有差异,目前尚未得到广泛应用。

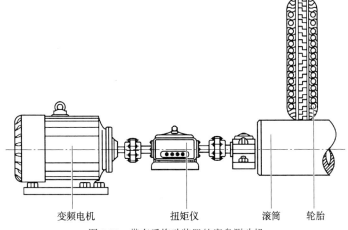

变频电机　　扭矩仪　　滚筒　　轮胎

图3-12　带有反拖动装置的底盘测功机

(5)惯性模拟装置(飞轮组)。汽车在道路上行驶时汽车本身具有一定的惯性能,即汽车的动能,而汽车在底盘测功机上运行时车身静止不动,是车轮带动滚筒旋转,在汽车减速工况时,由于系统的惯量比较小,汽车很快停止运行,所以检测汽车的减速工况和加速工况时,汽车底盘测功机必须配备惯性模拟系统。

四、底盘测功机检测原理

被测汽车的驱动轮先停在举升器上,举升器下降后车轮落在滚筒之间,驱动轮带动滚筒转动,滚筒相当于活动路面,使汽车产生相对行驶,测功机用功率吸收装置模拟汽车在运行过程中的阻力,汽车加速、滑行时的惯性力利用离合机构与滚筒连接的飞轮组的转动惯量进行模拟。检测过程中,驱动轮的转速由安装在滚筒轴上的测速传感器测量;驱动轮的输出力矩(或功率)由安装在功率吸收装置定子上的测力传感器测量;测试车轮滚动阻力时由安装在反拖电机定子上的反拖测力传感器测量。控制系统按照检测方法的要求,根据测力和测速传感器反馈的信息,通过调整功率吸收装置控制电流的大小,来调节功率吸收装置的吸收功率,实现多种运行工况的阻力模拟。

1. 功率测量

在平坦路面上行驶的汽车,发动机输出的有效功率在克服了汽车底盘传动系阻力后输出到驱动轮,驱动轮输出功率用以克服车辆路面行驶时的车轮滚动阻力、惯性阻力和迎风阻力;测功机利用滚筒代替路面,驱动轮上的相应负载用电涡流测功器来模拟,惯性阻力用飞轮进行模拟。汽车的车速 v、驱动力 F 与驱动轮输出功率 P 的关系可以表示为

$$P = Fv/3600 \tag{3-8}$$

式中:P——输出功率,kW;

F——驱动力,N;

v——车速,km/h。

从上式可见,只要同时测出 F 和 v 即可计算出功率 P。

2. 速度测量

汽车车轮驱动滚筒转动时,滚筒轴上的速度传感器将滚筒的转速变换成相应频率的脉冲,根据输出脉冲频率计算汽车的速度。

3. 驱动力测量

当汽车车轮驱动滚筒转动时,带动电涡流测功器转子(感应子)转动,感应子被拖动旋转时出现涡流,该涡流与它产生的磁场相作用,从而产生反向制动力矩。该力矩作用到测力传感器上,使传感器受压产生电信号。该信号的大下与车轮驱动力成正比,经处理后可显示出汽车车轮驱动力。控制定子励磁电流大小、可改变测功器吸收功率和制动力矩的大小、以实现汽车不同工况下的测量。

五、汽车底盘测功机测试精度分析

道路试验与台架试验阻力条件比较:在平坦路面上进行的道路试验中,发动机输出的有

效功率用于克服汽车底盘传动系阻力($F_传$)后输出到驱动轮,驱动轮输出功率用以克服车辆路面行驶时的车轮滚动阻力(F_f)、惯性阻力(在匀速运动时$F_惯=0$)和迎风阻力(F_w)。用式(3-9)表示。

$$F_路 = F_传 + F_f + F_惯 + F_w \tag{3-9}$$

式中:$F_路$——可用路试滑行能量法试验获得。

在台架试验中,发动机输出的有效功率用于克服汽车底盘传动系阻力($F_传$)后输出到驱动轮,驱动轮输出功率用以克服驱动轮与滚筒间的滚动阻力($F_滚$)、惯性阻力和测功机台架内部阻力($F_内$),用式(3-10)表示。

$$F_台 = F_传 + F_滚 + F_惯 + F_内 \tag{3-10}$$

式中:$F_台$——可用台试滑行能量法试验[详见《轻型汽车污染物排放限值及测量方法》(GB 18352.1—2001)附件CC]获得或用反拖装置测得$F_传$、$F_滚$、$F_内$。

等速运动时测功台架模拟路试阻力条件分析:车辆在台架上进入等速运动时进行测量的过程中(测功、油耗、ASM尾气排放等),路试与台试时$F_惯=0$,则由式(3-9)和式(3-10)得

$$\Delta F = F_路 - F_台 = F_f - F_滚 + F_w - F_内 \tag{3-11}$$

台试时通过调整控制涡流机线圈的励磁电流大小来进行ΔF阻力加载模拟,使台试阻力等于路试阻力。

变速运动时测功台架模拟路试惯性阻力条件分析:车辆在台架上进行变速运动过程中测量加速时间和滑行距离,在测功机上通过飞轮模拟路试惯性阻力。变速运动时还应注意模拟其他阻力条件(如风阻、滚动阻力等),实际应用中较困难。

操作指引

1. 组织方式

(1)场地设施:底盘测功机,装有废气抽排系统和消防设施的场地。

(2)设备设施:待测车辆

(3)工量具:常用工具(1套)、诊断仪、万用表等。

(4)耗材:温度计、湿度计、气压计、饱和蒸汽压计等。

2. 操作要求

(1)穿着干净整齐的工作服。

(2)遵守场地安全规定,注意用电安全。

(3)正确使用万用表、诊断仪等工具。

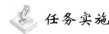

任务实施

1. 试验条件

(1)环境状态。

环境温度:0~40℃;

环境湿度:<85%;

大气压力:80~110kPa。

(2)台架准备。

①底盘测功机应符合要求。

②测试前对照所用底盘测功机的使用说明书检查、调整各运动部件,使其处于良好状况。

③测试前对底盘测功机进行检定和校准。

④测试前利用试验车辆带动底盘测功机空运转 10~30min,以使底盘测功机各运动部件的工作温度正常。

(3)测试车辆的准备。

①车辆的装备应符合制造厂技术条件的规定。

②车辆空载。

③车辆使用的燃料和润滑油的牌号、规格应符合制造厂技术条件的规定。

④轮胎的规格和气压应符合制造厂的规定。胎冠花纹深度不得小于 1.6mm,胎面和胎壁上不得有暴露出轮胎帘布层的破裂和割伤。

⑤检查空气滤清器状况,允许更换空滤器滤芯。

⑥测试前,车辆必须进行预热行驶,使其各运动部件、润滑油、冷却液等达到制造厂技术条件规定的温度状态。测试时可设置外加风扇向汽车发动机吹拂。

⑦关闭空调系统等非汽车运行所必需的耗能装置。

2. 驱动轮输出功率

(1)按相应车型的检测速度,在底盘测功机上设定检测速度 VM 或 VP。

(2)将检测汽车驱动轮置于底盘测功机滚筒上,起动汽车,逐步加速并换至直接挡,使汽车以直接挡的最低车速稳定运转。

(3)将加速踏板踩到底,测定 VM 或 VP 工况的驱动轮输出功率。

(4)测取读数。待汽车速度在设定的检测速度下稳定 15s 后,方可记录仪表显示的输出功率值;实际检测速度与设定检测速度的允差为 ±0.5km/h。

(5)在读数期间,扭矩变动幅度应不超过 ±4%。

(6)按标准记录环境状态及检测数据。

(7)汽车的额定转矩和额定功率取用汽车使用说明书提供的数据。

额定扭矩功率按式(3-12)计算。

$$P_t = \frac{M_t n_t}{9549} = P_e \eta_T \tag{3-12}$$

(8)按标准提供的方法,将实测驱动轮输出功率修正为标准环境状态下的校正驱动轮输出功率。

(9)对 η_{VM}(汽车在额定扭矩工况下的校正驱动轮输出功率与额定扭矩功率的百分比,%)或 η_{VP}(汽车在额定功率工况下的校正驱动轮输出功率与额定功率的百分比,%)低于允许值的车辆,允许复测一次。

3. 驱动轮输出功率的试验

(1)将底盘测功机按标准设定速度,依次设定试验速度直至额定功率车速。

额定功率的试验速度按式(3-13)计算。

$$V_a = \frac{0.377 \cdot n_e \cdot r_p}{i_g \cdot i_o} \tag{3-13}$$

式中：V_a——汽车在额定功率时的试验速度，km/h；

n_e——发动机联定转速，r/min；

r_p——汽车轮胎计算滚动半径，m；

i_g——变速器的传动比，试验采用直接挡，=1，无直接挡时采用传动比最接近于1的挡；

i_o——主减速器的传动比。

(2)将测试汽车驱动轮置于底盘测功机滚筒上，启动汽车，逐步加速并换至直接挡，使汽车以直接挡的最低车速稳定运转。

(3)将加速踏板踩到底，分别测定不同设定速度的驱动轮输出功率。

(4)测取读数。待汽车速度在设定速度下稳定15s后，方可记录仪表显示的输出功率值。实际试验速度与设定速度的允差为±0.5km/h。

(5)按标准记录环境状态及试验数据。

(6)按标准提供的方法，将实测驱动轮输出功率修正为标准环境状态下的校正驱动轮输出功率。

(7)绘制驱动轮输出功率曲线。

4. 汽车车轮滚动阻力(F_{fi})——反拖测试

(1)起动底盘测功机反拖装置，以30km/h的速度暖机运转10~30min。

(2)测定测功机传动系阻力(F_{ci})。

利用底盘测功机反拖装置带动测功机传动系空转，从30km/h速度起，以每10km/h的速度为一测试点，逐点测试，直至反拖装置的最高速度，重复测试三次。

按标准记录并整理测试数据。

(3)测定车轮滚动阻力(F_{fi})。

分别测定试验车辆从动轴和驱动轴的载荷(G_c和G_q)。

将测试汽车的从动轮或驱动轮置于底盘测功机滚筒上，拆下驱动轮半轴(测驱动轮时)，变速器置于空挡，放松驻车制动器，启动底盘测功机反拖装置，从30km/h速度起，以每10km/h的速度为一测试点，逐点测试，直至反拖装置的最高速度，重复测试三次。

按标准记录并整理测试数据。

5. 汽车底盘传动系阻力(F_{ti})——反拖测试

(1)将测试汽车驱动轮置于底盘测功机滚筒上，变速器置于空挡，放松驻车制动器，发动机熄火。

(2)起动底盘测功机反拖装置，以40~50km/h的速度反拖汽车驱动轮及滚筒系统10~30min。

(3)利用底盘测功机反拖装置带动汽车驱动轮转动，从30km/h速度起，以每10km/h的速度为一测试点，逐点测试，直至反拖装置的最高速度，重复测试三次。

(4)按测试汽车车轮滚动阻力。据测算的滚动阻力系数计算相应速度下驱动轮滚动阻力。

(5)按标准记录和整理测试数据,并计算传动效率。

6. 加速时间

(1)根据测试汽车的整备质量选定底盘测功机的相应当量惯量,即

转动惯量 = 汽车平移惯量 + 非驱动轮转动惯量 – 滚筒转动惯量

当底盘测功机所配备的机械惯量模拟系统的惯量级数不能准确满足测试汽车的当量惯量需要时,可选配与测试汽车整备质量最接近的转动惯量级。

(2)将测试汽车驱动轮置于底盘测功机滚筒上。

(3)货车、客车直接挡加速时间测定。

①起动汽车,逐步加速并换至直接挡,待车速稳定在30km/h时,全力加速至该车型最高车速的80%。按标准记录其累计加速时间。

②重复测定两次,取均值。

③整理测试结果,绘制加速性能曲线。

(4)轿车起步连续换挡加速时间测定。

①起动轿车,从初速度0km/h开始起步,连续换挡,全力加速直至车速100km/h。按标准记录加速时间。

②重复测定两次,取均值。

③整理测试结果,绘制加速性能曲线。

7. 滑行距离和时间

(1)选定底盘测功机的当量惯量。

(2)根据车型分类选定试验车辆滑行初速度和终速度(表3-13),在底盘测功机上设定对应值。

设定滑行速度表　　　表3-13

车型分类	滑行初速 v_1(km/h)	滑行终速度 v_2(km/h)
轿车	80	50
货车、客车	60	30

(3)将试验车辆驱动轮置于底盘测功机滚筒上,起动汽车,加速至高于设定的滑行初速度力后,变速器置于空挡,利用车—台系统贮藏的动能,使车—台系统继续运转直至设定终速度。

(4)分别记录车—台系统自 v_1 滑行至 v_2 的时间和距离。

(5)重复测定两次,取均值。

8. 汽车底盘测功机底盘输出功率检验标准

(1)按《汽车动力性台架试验方法和评价指标》(GB/T 18276—2000)的规定,整车动力性可用底盘测功机检测汽车驱动轮输出功率来评价。

(2)驱动轮输出功率检测工况采用汽车发动机额定扭矩和额定功率时的工况,即发动机全负荷与额定扭矩和额定功率转速所对应的直接挡(无直接挡时,指传动比最接近于1的

挡)车速构成的工况。

(3)在检测工况下采用校正驱动轮输出功率与相应的发动机输出总功率的百分比作为驱动轮输出功率的限值。

$$\eta_{VM} = \frac{P_{VMO}}{P_M} \tag{3-14}$$

$$\eta_{VP} = \frac{P_{VPO}}{P_e} \tag{3-15}$$

式中：η_{VM}——汽车在额定扭矩工况下的校正驱动轮输出功率与额定扭矩功率的百分比，%；

η_{VP}——汽车在额定功率工况下的校正驱动轮输出功率与额定功率的百分比，%；

P_{VMO}——汽车在额定扭矩工况下的校正驱动轮输出功率，kW；

P_{VPO}——汽车在额定功率工况下的校正驱动轮输出功率，kW；

P_M——发动机的额定扭矩工况下的输出功率，kW；

P_e——发动机的额定功率，kW。

国产营运车辆的校正驱动轮输出功率的限值见表3-14，其他车辆可参照执行。

汽车驱动轮输出功率的限值　　　　　　　　　　　　　　　　表3-14

汽车类别	汽车型号		额定扭矩工况			额定功率工况		
			直接挡测速度 VM(km/h)	校正驱动轮输出功率/额定扭矩功率 η_{VM}%		直接挡检测速度 v_P(km/h)	校正驱动轮输出功率/额定功率 η_{Vp}%	
				额定值 η_{Mr}	允许值 η_{Ma}		额定值 η_{pr}	允许值 η_{pa}
载货汽车	1010系列 1020系列	汽油车	60	75	50	90	65	40
	1030系列 1040系列	汽油车	60	75	50	90	65	40
		柴油车	55	75	50	90	70	45
	1050系列 1060系列	汽油车	60	75	50	90	65	40
		柴油车	50	75	50	80	70	45
	1070系列 1080系列	汽油车	—	—	—	—	—	—
		柴油车	50	75	50	80	70	45
	1090系列	汽油车	40	75	50	80	70	45
		柴油车	55	75	50	80	70	45
	1100、1110系列 1120、1130系列	汽油车	—	—	—	—	—	—
		柴油车	50	70	45	80	65	40
	1140、1150系列 1160系列	汽油车	50	75	50	80	65	40
	1170、1190系列	柴油车	55	75	50	80	65	40
半挂列车	10t半挂列车系列	汽油车	40	75	50	80	70	45
		柴油车	50	75	50	80	70	45
	15t、20t半挂列车系列	柴油车	45	70	45	70	65	40
	25t半挂列车系列	柴油车	45	75	50	75	65	40

续上表

汽车类别	汽车型号		额定扭矩工况			额定功率工况		
			直接挡测速度 VM(km/h)	校正驱动轮输出功率/额定扭矩功率 $\eta_{VM}\%$		直接挡检测速度 v_P(km/h)	校正驱动轮输出功率/额定功率 $\eta_{Vp}\%$	
				额定值 η_{Mr}	允许值 η_{Ma}		额定值 η_{pr}	允许值 η_{pa}
客车	6600系列	汽油车	60	70	45	85	60	35
		柴油车	45	75	50	75	65	40
	6700系列	汽油车	50	65	40	80	60	35
		柴油车	55	70	45	75	60	35
	6800系列	汽油车	40	65	40	85	60	35
		柴油车	50	70	45	75	60	35
	6900系列	汽油车	40	65	40	85	60	35
		柴油车	60	70	45	85	60	35
	6100系列	汽油车	40	65	40	85	60	35
		柴油车	40	70	45	85	60	35
	6110系列 6120系列	汽油车	40	65	40	85	60	35
		柴油车	55	70	45	80	60	35
		柴油车	60	65	40	90	60	35
轿车	夏利、富康		95/652	65/602	40/352			
	桑塔纳		95/652	70/652	45/402			

注:5010系列~5040系列厢式货车和罐式货车驱动轮输出功率的允许值按同系列普通货车的允许值下调2%,其他系列厢式货车和罐式货车驱动轮输出功率的允许值按同系列普通货车的允许值下调4%。

1. 半挂列车是按载质量分类。
2. 为汽车变速器使用3挡时的参数值。

(4)动力性合格的条件。

$$\eta_{VM} \geqslant \eta_{Ma} \quad (3-16)$$

$$\eta_{vp} \geqslant \eta_{Pa} \quad (3-17)$$

式中:η_{Ma}——汽车在额定扭矩工况下的校正驱动轮输出功率与额定扭矩功率的百分比的允许值,%;

η_{pa}——汽车在额定工况下的校正驱动轮输出功率与额定扭矩功率的百分比的允许值,%。

(5)轿车的动力性按额定转矩工况进行检测和评价,其他车辆应按第4条规定的两种合格条件中任选一种工况进行检测和评价。

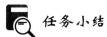

(1)汽车底盘测功机按结构可分为三大类:单轴式滚筒底盘测功机、双轴式滚筒底盘测功机、三轴六滚筒式底盘测功机。

(2)汽车底盘测功机的主要功能:车辆驱动轮轮边车速和底盘输出功率检测、尾气简易工况法检测、加速性能检测、燃油经济性检测、速度表、里程表校验、反拖阻力测试。

(3)汽车底盘测功机基本结构：测速传感器、扭力传感器、功率吸收装置、反拖传感器、自动(或手动)挡轮、联轴器、滚筒轴承、飞轮组、反拖装置、举升器、滚筒、轮胎挡轮。

(4)底盘测功机检测原理：功率测量；速度测量；驱动力测量。

(5)汽车底盘测功机测试不合格原因分析：道路试验与台架试验阻力条件比较；动力不合格的原因分析；影响测试准确性的因素。

 不合格原因分析

底盘输出功率检测不合格时，在测功机上可进一步检测确定不合格的原因，步骤如下。

用测功机反拖功能进行车辆驱动轴的反拖阻力试验，确定在测功工况速度下的车辆底盘传动系和轮胎滚动阻力损耗，计算出发动机在该工况下的有效输出功率。

评价发动机输出功率是否符合设计要求，如输出功率不足则查找发动机功率下降原因，否则进行下一步阻力损耗分析。

发动机功率输出符合要求，此时应检查底盘传动系直至车轮输出间各连接部位的阻力，确定阻力超差部位并加以排除。

具体检查有以下几个方面。

(1)发动机方面。

发动机机械系统磨损严重：发动机机械系统磨损主要指发动机内部运动部件磨损，一旦磨损超出运动部件之间的配合极限就会造成动力严重下降，主要的运动部件由活塞与汽缸、曲轴与轴承、气门与气门导管。判断发动机内部机械磨损的方法有许多，比如测量汽缸压力、测量汽缸漏气量、测量发动机曲轴箱窜气量等，同时检查尾气烟色、异响分析、尾气分析等。如果是活塞与汽缸之间磨损严重，一般都会出现尾气中伴随蓝烟，曲轴箱通风管窜气严重、烧机油等现象，这时通过测量汽缸漏气或曲轴箱窜气量一般可以最后确认。需要指出的是理论上汽缸压力也用于判断汽缸磨损量，由于缸压的测量与发动机充气效率有关，所以并不一定能准确地反映汽缸密封情况，在实际工作中常常作为一种方便的方法用于确认配气是否正确、是否有气门烧蚀等。

发动机存在随机故障：发动机的随机故障点就比较多，凡是涉及发动机混合气形成、准确点火的所有部件都可能发生故障，从而影响发动机功率。实际上发动机的故障诊断主要是诊断这些随机故障。

(2)其他方面。

在采用底盘测功机进行汽车动力性检测时，底盘系统的故障也会造成发动机动力性检测不合格，比如离合器打滑、自动变速器故障、制动系统拖滞等。

(3)影响测试准确性的因素(表3-15)。

影响测试准确性的因素　　　　　　　　　　　　　　　　　　　表3-15

1	台架加工装配质量	①台体结构的规整度；②各轴承位平面度；③滚筒及旋转部件动不平衡；④同轴滚筒及功率吸收装置同轴度；⑤各滚筒差
2	风冷式电涡流功率吸收装置冷却风扇	风冷式电涡流功率吸收装置采用冷却风扇对励磁线圈进行散热，由于冷却风扇与转子为一体，当转子转动时，冷却风扇自身将会消耗一定的驱动功率

续上表

3	机械阻力	底盘测功机的台架机械损失主要来自支承轴承联轴器、电涡流机冷却风叶等旋转部件,在车轮带动滚筒旋转过程中,由于摩擦力的存在(也称内阻),将消耗一定的功率
4	滚动阻力	车轮滚动时,轮胎与路面的接触区域产生法向、切向的相互作用力,轮胎和支承路面的相对刚度决定了轮胎变形的特点。在该特点下会形成弹性物质的迟滞损失。①钢制滚筒对滚动阻力系数的影响;②轮胎气压对滚动阻力系数的影响
5	风冷式电涡流功率吸收装置的热衰退	基于能量守恒,当电涡流机起制动作用时,汽车驱动轮的动能将转化为涡电流的电能,进而以热量的形式被消耗掉。因此,电涡流机在工作时会产生巨大的热量,而风冷式电涡流受冷却效率的制约,在工作时会产生热衰退效应,使得吸收能力下降
6	滚筒同步装置	滚筒同步装置是主动滚筒与从动滚筒之间的传动连接装置,采用橡胶带或链条制成。在动力性等汽车性能测试时,滚筒同步装置不起作用,但是会有损耗而影响动力性测试的结果,该损耗可通过滑行法测得

学习任务3 道路运输车辆碳平衡油耗检测与评价

 任务描述

《道路运输车辆综合性能要求和检验方法》(GB 18565—2016)规定:燃用柴油或汽油、总质量大于3500kg的在用道路运输车辆,其燃料消耗量的检测评价采用碳平衡法进行检测。

 学习目标

(1)能描述汽车燃料消耗的相关标准及仪器类型。
(2)能描述碳平衡法的基本原理。
(3)能说明碳平衡油耗检测系统的组成。
(4)能完成碳平衡油耗检测和评价。
建议学时:2学时。

 知识准备

碳平衡法汽车燃料消耗量检测是基于汽车运行过程中,燃料燃烧后,排气中碳质量与燃

料在燃烧前的碳质量综合相等的质量守恒定律,实现对燃料消耗量的测量。碳平衡油耗仪是汽车燃料消耗量不解体检测的技术关键,其性能应符合《碳平衡法汽车燃料消耗量检测仪》(JT/T 1013—2015)和《道路运输车辆燃料消耗量检测评价方法》(GB/T 18566—2011)的要求,计量特性应符合《碳平衡法汽车燃料消耗量检测》[JJG(交通)127—2015]的要求。

一、"碳平衡法"的基本原理

燃料消耗量检测仪按照原理可分为容积法、质(重)量法和碳平衡法。容积法、质(重)量法需要拆卸发动机供油管路并串接传感器,实时检测燃料消耗量,这两种方法称为直接测量法,是传统的燃料消耗量检测方法;而碳平衡法不需要拆卸供油管路,通过检测汽车排放物中碳的含量,计算得出燃料消耗量,这种方法称为间接测量法。

汽车燃油是以 C、H 化合物为主要成分的混合物,燃烧生成 CO、CO_2、HC、H_2O 等物质,其燃烧产物中的 C 元素均来自汽油,只要测出单位时间内汽车尾气中的 CO、CO_2、HC 中的碳量,再与单位体积燃油中的碳量相比较,即可得到燃油消耗量。在碳平衡法检测系统中,采用高精度的 CO_2、CO、HC 三种组分测量分析单元,对稀释排气中的这三种成分浓度进行了测量,同时采用高精度的流量计,对稀释排气流量(流速)进行测量,从而完成对稀释排气中含碳质量流量(流速)的测量,在运用碳平衡原理,计算得到汽车的燃料消耗量。

为了保证燃料消耗量检测准确性,目前我国《道路运输车辆燃料消耗量检测评价方法》(GB/T 18566—2011)给出了计算燃料消耗量的模型。

汽油机车辆

$$FC = 0.1154/D(0.8664 \times HC + 0.429 \times CO + 0.273 \times CO_2) \tag{3-18}$$

柴油机车辆

$$FC = 0.1155/D(0.8658 \times HC + 0.429 \times CO + 0.273 \times CO_2) \tag{3-19}$$

式中:FC——燃料消耗量,L/100km;

　　HC——测得的碳氢排放量,g/km;

　　CO——测得的一氧化碳排放量,g/km;

　　CO_2——测得的二氧化碳排放量,g/km;

　　D——288K(15°C)下燃料的密度,kg/L;

二、碳平衡油耗检测系统的组成

汽车碳平衡油耗仪的基本功能是测取排气的体积和浓度,其核心构成是排气浓度测量系统和排气体积测量系统。需要测取的参数有 CO、CO_2、HC 的气体浓度、稀释排气流量以及温度、压力和燃油密度,分别采用含碳气体浓度测量装置、流量计计温度、压力传感器、密度计进行取样测量,以此计算稀释排气的总体积、环境空气中 CO、CO_2、HC 的含量、汽车排气的总含碳量,再根据汽车在底盘测功机上的测试时间内所运行的距离,计算得出百公里油耗值。实现燃料消耗量台架检测还需要底盘测功系统,通过滚筒对汽车驱动轮进行加载,以模拟实际运行工况的行驶阻力。主控计算机根据录入的受检车辆技术参数及信息,计算并控制底盘测功机恒定加载阻力,测定瞬态工况车速,对 CO、CO_2、HC 的气体浓度、稀释排气流量及温度、压力参数、燃油密度进行采集和处理,并计算燃油消耗量。碳平衡法燃料消耗量检测仪示意图如图 3-13 所示,系统组成示意如图 3-14 所示,测控系统示意图如图 3-15 所示。

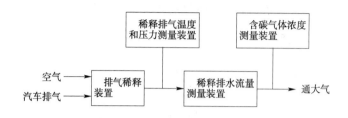

图 3-13　碳平衡法燃料消耗量检测仪示意图

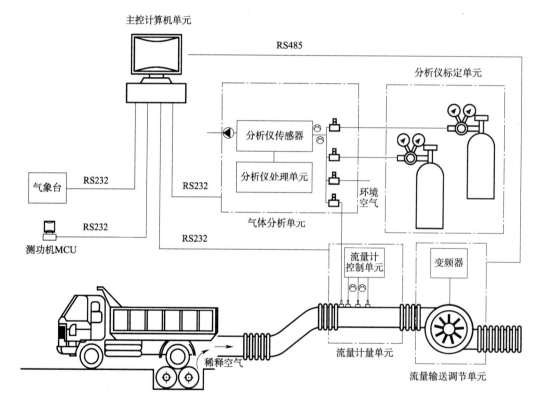

图 3-14　碳平衡油耗仪系统组成示意图

碳平衡法燃料消耗量检测仪主要由含碳气体浓度测量装置、稀释排气流量测量装置、排气稀释收集装置和测控系统等构成(图 3-15)。

1. 含碳气体浓度测量装置

含碳气体浓度测量装置(以下简称浓度测量装置)采用非分光红外线吸收原理(NDIR)测量稀释排气的 CO_2、CO、HC 浓度。CO_2 是燃料燃烧的主要生成物,提高浓度测量装置的测量精度是保证碳平衡法燃料消耗量检测仪准确度的重要途径。

浓度测量装置用于检测环境空气中级汽车排气稀释后的 CO_2、CO、HC 气体浓度。CO_2、

CO 的浓度单位%vol,HC 的浓度单位为 10^{-6}vol 正己烷。浓度测量装置在通电预热后达到稳定,并有预热指示。浓度测量装置自动锁止,终止检测。

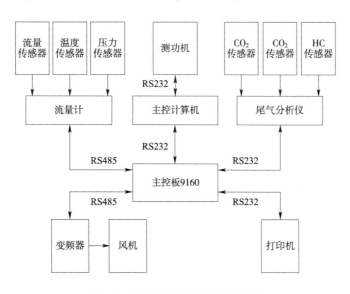

图 3-15　碳平衡油耗仪测控系统示意图

2. 稀释排气流量测量

稀释排气流量测量装置(以下简称流量测量装置),流量测量装置能实时测量稀释排气的体积流量,并转化为标准状态下(101.3kPa)的体积流量。稀释排气压力传感器和温度传感器与体积流量同步测量稀释排气的压力和温度。流量测量装置可实时同步采集流量传感器、稀释排气压力传感器和温度传感器的测量数据,计算并实时存储气体标况流量。流量测量装置最大量程应不小于 30.0m³/min,以满足大排量车辆的检测。

3. 排气稀释收集装置

排气稀释收集装置是由稀释排气流量控制器通过风机控制环境空气量经集气锥管进入排气稀释管,进而控制排气与环境空气混合比。依据《轻型汽车污染物排放限值及测量方法(中国第五阶段)》(GB 18352.5—2013)的要求,CO_2 的容积浓度,对于汽油和柴油小于 3%,对于 LPG 小于 2.2%,对 NG 小于 1.5%。

4. 测控系统

测控系统可实时记录、存储、处理同步测得的每秒稀释排气中 CO_2、CO、HC 的气体浓度、稀释排气流量数据和每秒的燃料消耗量,并可进行燃料密度和氢碳比值的设定,显示、输出受检汽车燃料消耗量(单位为 mL)。

操作指引

1. 组织方式

(1)场地设施:底盘测功机,油耗仪和装有废气抽排系统和消防设施的场地。
(2)设备设施:待测车辆。

(3)工量具:常用长度测量工具(1套)、轮胎气压表、轮胎花纹深度计等。

(4)耗材:燃油等。

2. 操作要求

(1)穿着干净整齐的工作服。

(2)遵守场地安全规定,注意用电安全。

(3)正确使用长度测量工具。

任务实施

1. 检测准备

1)底盘测功机

(1)预热采用反拖电机或车辆驱动滚筒转动预热底盘测功机,直至底盘测功机滑行时间趋于稳定。

(2)示值调零底盘测功机静态空载,力、速度和距离示值调零或复位。

2)油耗仪

(1)预热油耗仪应预热至设备到达正常工作准备状态。

(2)示值调零,各测量参数示值调零或复位。

3)受检汽车

(1)车辆空载。

(2)检查车辆排气系统,不得有泄漏。

(3)检查驱动轴轮胎的花纹深度和气压。花纹深度不得小于1.6mm,花纹中不得夹有杂物;轮胎气压按《载重汽车轮胎规格、尺寸、气压与负荷》(GB/T 2977—2016)规定进行调整。

(4)记录受检车辆的参数信息(燃油类别、车高、驱动轮轮胎规格型号、额定总质量、车高、前轮距、客车车长、客车等级、货车车身形式、驱动轴数、驱动轴空载质量、牵引车满载总质量)。

(5)车辆应预热至发动机、传动系达到正常工作的温度状况,发动机冷却液温度应达到80~90℃。

(6)关闭非汽车正常行驶所必需的附属装备,如空调系统等。

4)燃料

检测时使用受检汽车油箱内的燃油。燃油氢碳比采用固定值:柴油取1.86,汽油取1.85。

5)确定受检汽车的检测工况

(1)主控系统应根据车辆参数和信息,按要求确定检测速度,计算加载阻力。

(2)若半挂汽车列车驱动轮与滚筒之间的附着力小于台架加载阻力而产生轮胎打滑,则应按牵引车满载总质量计算台架加载阻力。

2. 检测程序

(1)引车员将汽车平稳驶上底盘测功机,置汽车驱动轮于滚筒上,驱动轮轴线应与滚筒轴线平行,固定汽车非驱动轮。

(2)每次检测前油耗仪应调零,并测量环境空气中CO气体浓度。

(3)起动汽车,逐步加速,变速器接入最高挡(自动变速器应置于"D"挡),底盘测功机按照受检汽车的检测工况确定台架加载阻力对受检车辆进行加载,至车速稳定在受检汽车的检测车速。

(4)油耗仪采用管应靠近并对准汽车排气管口,其间距不大于100mm,使采样管与排气尾管末端同轴,用支架固定,使汽车排气和环境空气顺利进入采样管。

(5)引车员按驾驶人助手提示控制汽车加速踏板,使检测车速的变化幅度温度在±0.5km/h的范围内,稳定至少15s后,油耗仪开始60s连续采样,同时测功机开始测量60s连续采样时间内的汽车行驶距离。

(6)采样过程中,如连续3s内检测车速的变化幅度超过±0.5km/h或加载阻力变化幅度超过±20N,则停止本次采样,返回到(5)重新开始。

(7)连续60s采样完成后,按式(3-20)计算汽车百公里燃料消耗量,并四舍五入至小数点后一位。

$$FC = 100/S \cdot \sum FC_S \tag{3-20}$$

式中:FC——汽车百公里燃料消耗量,L/100km;

S——采样时间内汽车的行驶距离,m;

$\sum FC_S$——采样时间内汽车每秒燃料消耗量的累加值,mL。

(8)每次检查结束后油耗仪进行反吹。

3. 检测结果判定方法

(1)当检测结果小于等于限值,判定该车燃料消耗量为合格。

(2)当检测结果大于限值,允许复检两次,一次复检合格,则判定该车燃料消耗量为合格。

(3)当检测结果和复检结果均大于限值,判定该车燃料消耗量为不合格。

 任务小结

(1)碳平衡法汽车燃料消耗量检测是基于汽车运行过程中,燃料燃烧后,排气中碳质量与燃料在燃烧前的碳质量综合相等的质量守恒定律,实现对燃料消耗量的测量。

(2)燃料消耗量检测仪按照原理可分为容积法、质(重)量法(称之为直接测量法)和碳平衡法(称之为间接测量法)。

(3)《道路运输车辆燃料消耗量检测评价方法》(GB/T 18566—2011)计算燃料消耗量的模型。

汽油机车辆: $FC = 0.1154/D(0.8664 \times HC + 0.429 \times CO + 0.273 \times CO_2)$

柴油机车辆: $FC = 0.1155/D(0.8658 \times HC + 0.429 \times CO + 0.273 \times CO_2)$

(4)碳平衡法燃料消耗量检测仪主要由含碳气体浓度测量装置、稀释排气流量测量装置、排气稀释收集装置和测控系统等构成。

不合格原因分析

影响碳平衡法检测的原因有如下方面。
(1)车辆排气系统存在泄漏和曲轴箱窜气现象。
(2)环境温度、湿度计大气压力变化。
(3)测试仪器存在误差。
(4)燃油成分指标有较大差异。
(5)燃烧产生大量的水蒸气。

学习任务4 汽车车速表检验与评价

 **任务描述**

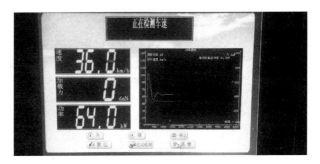

"十次事故九次快",说明很多交通事故是车速过快、遇到紧急情况来不及处理而引起的。作为驾驶人在驾车过程中,必须通过车速表明确知道瞬时车速,进而对车辆速度进行控制,汽车车速表反映的数据的正确与否,直接关系到汽车的安全行驶。

 学习目标

(1)能描述车速表检验台类型。
(2)能说明车速表检验台的结构及原理。
(3)能描述车速表误差的检验过程。
(4)能分析车速表误差的形成原因。
建议学时:2学时。

 知识准备

驾驶人对车速的掌握虽然可依据主观估计,但是驾驶人对速度的掌握往往会因错觉、驾驶经验和驾驶环境等因素的影响而造成误差,不够准确可靠。因此,车速表是驾驶人用来判断车辆行驶速度的重要工具。为更好地保证行车安全,有必要采用仪器对车速表的指示误差进行检验,这种仪器就是车速表检验台。车速表检验台的产品制造依据为《滚筒式汽车车速表检验台》(GB/T 13563—2007)。

一、车速表检验台的类型

车速表检验台按允许承载轴荷分类可分为:3吨级、10吨级和13吨级三种。

车速表检验台类型见表3-16。

车速表检验台的类型　　　　　　　　　　　　　　　　　表3-16

标准型车速表检验台	电动驱动型车速表检验台
标准型检验台无驱动装置,它靠被测汽车驱动轮带动滚筒旋转	电机驱动型检验台由电动机驱动滚筒旋转,再由滚筒带动车轮旋转

二、车速表检验台的结构

1. 标准型车速表检验台

该检验台主要由滚筒、举升器、测量装置、显示仪表及辅助装置等部分组成,如图3-16所示。

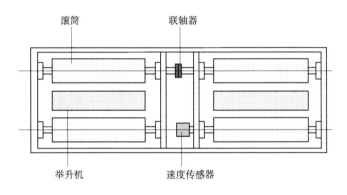

图3-16　车速表检验台结构示意图

1)滚筒部分

检验台左右各有两根滚筒,用于支撑汽车的驱动轮。在测试过程中,为防止汽车的差速器起作用而造成左右驱动轮转速不等,前面的两根滚筒是用联轴器连在一起的。滚筒多为钢制,表面有防滑材料,直径多在175～370mm。为了标定时换算方便直径多为176.8mm,这样滚筒转速为1200r/min时,正好对应滚筒表面的线速度为40km/h。

2)举升器

举升器置于前后两根滚筒之间,多为气动装置,也有液压驱动和电机驱动的。测试时,举升器处于下方,以便滚筒支撑车轮。测试前,举升器处于上方,以便汽车驶上检验台;测试后,靠气压(或液压、电机)升起举升器,顶起车轮,以便汽车驶离检验台。

3)测量元件

测量元件,即测量转速的传感器。其作用是测量滚筒的转动速度。通过转速传感器将滚筒的速度转变成电信号(模拟信号或脉冲信号),再送到显示仪表。常用的转速传感器有:

测速发电机式、光电编码器式和霍尔元件式等。

(1) 测速发电机式。

测速发电机是一种永磁发电机,由于制作精密,它能够产生几乎与转速完全成正比的电压信号(图3-17)所描述的是模拟信号],将它安装在滚筒一端。当滚筒转动时,测速发电机就可以输出与转速成正比的电压。此信号经放大和A/D转换后送入单片机处理。

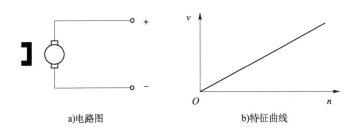

a)电路图　　　　　　b)特征曲线

图3-17　直流永磁测速发电机电路图及特征

(2) 光电编码式。

它有一个带孔或带齿的编码盘,安装在滚筒的一端并随滚筒转动。有一对由光源和光接收器组成的光电开关,其中光源一般是发出红外光,光接收器多由光敏三极管和放大电路组成,可将收到的光信号变为电信号。光源和光接收器分别置于编码盘的两侧,并彼此对准。当编码盘转动时,光源发出的光线周期性地被遮住,于是光接收器将收到断续的光信号,并转换成一系列的电脉冲(脉冲信号),脉冲频率与滚筒转速成正比。将此脉冲信号经过光电隔离等环节之后,也送入单片机处理,如图3-18所示。

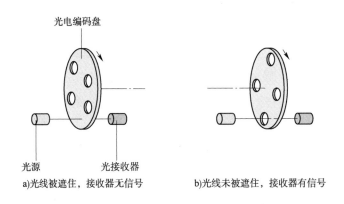

a)光线被遮住,接收器无信号　　　　b)光线未被遮住,接收器有信号

图3-18　光电式速度传感器原理图

(3) 霍尔元件式。

霍尔元件是利用霍尔效应原理。将带齿的圆盘[图3-19a)]固定在滚筒一端,并随滚筒一起转动,当圆盘的齿未经过磁导板时,有磁场经过霍尔元件,因而感应霍尔电动势,如图3-19b)所示。当圆盘的齿经过磁导板时,磁场被短路,霍尔电动势消失,如图3-19c)所示,所以霍尔元件可以产生与速度成正比的脉冲信号。此脉冲信号同样经过一定的隔离处理后,送入单片机。

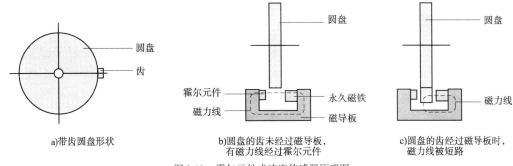

图 3-19 霍尔元件式速度传感器原理图

4) 显示仪表(或显示器)

目前多用智能型数字显示仪表,也就是一个单片机系统。来自传感器的信号经放大、A/D 转换或经滤波整形后进入单片机处理,再输出显示测量结果。在全自动检测线上也有直接把速度传感器信号接到工位机(或主控机)上直接进行处理的。

5) 辅助部分

(1) 安全装置。

车速检验台滚筒两侧设有挡轮,以免检测时车轮左右滑移损坏轮胎或设备。

(2) 滚筒抱死装置。

汽车测试完毕出车时,如果只依靠举升器,可能造成车轮在前滚筒上打滑。为了防止打滑,增加滚筒抱死装置,与举升器同步,举升器升起的同时,抱死滚筒,举升器下降时放开。

(3) 举升保护装置。

车辆在速度检验台上运转时,举升器突然上升会导致严重的安全事故,因而车速检验台设有举升器保护装置(软件或硬件保护),以确保滚筒转速低于设定值后(如 5km/h)才允许举升器上升。

2. 电机驱动型车速表检验台

车速表的转速信号多数取自汽车变速器或分动器的输出轴,但对于后置发动机的汽车,由于车速表软轴过长,会出现传动精度和寿命等方面的问题,所以转速信号取自前从动轮。对这种车辆必须采用电动机驱动型车速表检验台。测试时由电动机驱动滚筒与前从动轮旋转。这种检验台往往在滚筒与电动机之间装有离合器,如图 3-20 所示。若检验时将离合器分离,这种检验台又可作为标准型检验台使用。

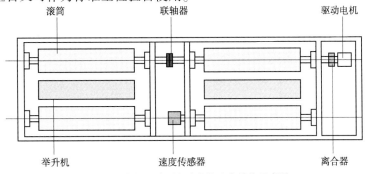

图 3-20 电机驱动型车速表检验台结构示意图

三、车速表检验台的工作原理

检测时汽车驱动轮置于滚筒上,由发动机经传动系驱动车轮旋转,车轮借助于摩擦力带动滚筒旋转,旋转的滚筒相当于移动的路面。以驱动轮在该滚筒上旋转来模拟汽车在路面上行驶时的实际状态。通过测试滚筒的线速度来达到测量汽车行驶速度的目的。

滚筒的线速度、滚筒直径和转速之间的关系可用式(3-21)表达。

$$v = \pi \times D \times n \times 60 \times 10^{-6} \tag{3-21}$$

式中:v——滚筒的线速度,km/h;
　　　D——滚筒的直径,mm;
　　　n——滚筒的转速,r/min。

车轮的线速度与滚筒的线速度相等,故式(3-21)的计算值即为汽车真实的车速。该值在检验时由检验台上的速度指示仪表显示。

车轮在滚筒上转动的同时,车速表的软轴由汽车变速器或分动器输出轴带动旋转,并在车速表上显示车速值,即车速表指示值。将上述检验台速度指示仪表上显示的真实车速值与车速表显示的车速指示值相比较,即可求出车速表的误差。

四、车速表误差的形成原因

传统的车速表是机械式的,典型的机械式里程表连接一根软轴,软轴内有一根钢丝缆,软轴另一端连接到变速器某一个齿轮上,齿轮旋转带动钢丝缆旋转,钢丝缆带动里程表罩圈内一块磁铁旋转,罩圈与指针连接并通过游丝将指针置于零位,磁铁旋转速度的快慢引起磁力线大小的变化,平衡被打破,指针因此被带动。这种车速里程表简单实用,被广泛用于大小型汽车上。不过,随着电子技术的发展,现在很多轿车仪表已经使用电子车速表,常见的一种是从变速器上的速度传感器获取信号,通过脉冲频率的变化使指针偏转或者显示数字。

车速表由车速传感器(安装在车轮上变速箱蜗轮组件的蜗杆上,有光电耦合式和磁电式)、微机处理系统和显示器组成。由传感器传来的光电脉冲或磁电脉冲信号,经仪表内部的微机处理后,可在显示屏上显示车速。里程表则根据车速以及累计运行时间,由微机处理计算并显示里程。

在使用过程中,车速表产生误差的原因主要是车速表本身的故障、损坏和轮胎的磨损。车速表是利用光电、磁电作用,通过指针摆动来显示行驶速度的。车速表内有可转动活动盘。转轴、轴承、齿轮、游丝等零件和磁性元件,由于这些零件在使用过程中的自然磨损以及磁性元件的磁性变化,都会造成车速表的指示误差。

汽车行驶速度 v 可用式(3-22)来计算。

$$v \approx 0.377 \frac{r_k n}{i_k i_o} \tag{3-22}$$

式中:v——汽车行驶速度,km/h;
　　　r_k——车轮滚动半径,m;

n——发动机转速,r/min;
i_k——变速器传动比;
i_o——主减速器传动比。

由式(3-22)可知,汽车实际行驶速度与车轮滚动半径有关。汽车轮胎在使用过程中,随行驶里程的增加而逐渐磨损,其滚动半径将日渐减小,在变速器输出转速不变的情况下,汽车的实际行驶速度会随轮胎滚动半径的变化而变化,而车速表的软轴是与变速器或分动器的输出相连的,因此车速表的指示值与实际车速就会形成误差。

操作指引

1. 组织方式

(1)场地设施:汽车检测线,装有废气抽排系统和消防设施的场地。
(2)设备设施:汽车车速表检测台、实验用车、安全三角挡块等。
(3)工量具:轮胎气压表、轮胎花纹深度计等。
(4)耗材:燃油等。

2. 操作要求

(1)穿着干净整齐的工作服。
(2)遵守场地安全规定,注意用电安全。
(3)正确操作车辆、车速表检测台等仪器设备。
(4)测速时车辆前、后方及驱动轮两旁不准站立人员。
(5)检验结束后,检验员不可采取任何紧急制动措施使滚筒停止转动。
(6)对于不能在车速表检验台上检验的车辆,只需在底盘动态检验时定性判断其车速表工作是否正常即可。

任务实施

1. 检测步骤

(1)接通试验台电源。
(2)升起滚筒间的举升器。
(3)将被检车辆开上试验台,使输出车速信号的车轮尽可能与滚筒成垂直状态地停放在试验台上。
(4)降下滚筒间的举升器,至轮胎与举升器托板完全脱离为止。
(5)用挡块抵住位于试验台滚筒之外的一对车轮,防止汽车在测试时滑出试验台。
(6)使用标准型试验台时应作以下操作。
①待汽车的驱动轮在滚筒上稳定后,挂入最高挡,松开驻车制动器,踩下加速踏板使驱动轮带动滚筒平稳地加速运转。
②当汽车车速表的指示值达到规定检测车速(40km/h)时,读出试验台速度指示仪表的指示值;或当试验台速度指示仪表的指示值达到检测车速时,读取车速表的指示值。

(7)使用驱动型试验台时应作以下操作。

①接合试验台离合器,使滚筒与电动机连在一起。

②将汽车的变速器挂入空挡,松开驻车制动器,起动电动机,使电动机驱动滚筒旋转。

③当汽车车速表的指示值达到检测车速时,读取试验台速度指示仪表的指示值;或当试验台速度指示仪表达到检测车速时,读取汽车车速表的指示值。

(8)测试结束后,轻轻踩下汽车制动踏板,使滚筒停止转动。对于驱动型试验台,必须先关断电动机电源,再踩制动踏板。

(9)升起举升器,去掉挡块,汽车驶离试验台。

2. 检测结果分析

汽车速度表指示误差应当符合《机动车运行技术条件》(GB 7258—2017)所规定的技术要求,汽车速度表指示车速 v_1 和试验台滚筒表面线速度 v_2(实际车速)之间应满足式(3-23)的关系。

$$0 \leqslant v_1 - v_2 \leqslant (v_2/10) + 4 \qquad (3\text{-}23)$$

(1)当该机动车车速表的指示值为 40km/h 时,车速表检验台速度指示仪表的指示值为 32.8~40km/h 为合格。

(2)当车速表检验台速度指示仪表的指示值(v_2)为 40km/h 时,读取该机动车车速表的指示值(v_1),当 v_1 的读数在 40~48km/h 时为合格。

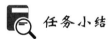
任务小结

(1)车速表检验台按有无驱动装置可分为:标准型车速表检验台、电机驱动型车速表检验台。

(2)标准型车速表检验台主要由滚筒、举升器、测量装置、显示仪表及辅助装置等部分组成。

(3)滚筒的线速度、滚筒直径和转速之间的关系可用公式:

$$v = \pi \times D \times n \times 60 \times 10^{-6}$$

(4)车速表误差的形成主要是由车速表本身的故障、损坏和轮胎的磨损造成。

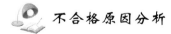
不合格原因分析

(1)滚筒沾有油污、水泥等杂物使车轮打滑,导致测量数据失准。

(2)滚筒水平位置失准,导致测量数据失准。

(3)传感器导线的连接有接触不良或断路,导致测量数据误差。

(4)传感器标定失准,导致测量数据误差。

(5)检验员操作不规范,导致测量数据误差。

(6)车速表本身的故障、损坏和轮胎的磨损,导致测量数据失准。

学习任务5　机动车前照灯检测与评价

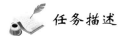

前照灯是机动车辆的外部照明设备,属于主动安全装置,其性能直接影响夜间行车安全。在《道路运输车辆综合性能要求和检验方法》(GB 18565—2016)标准中,对汽车前照灯发光强度和远光、近光光束照射位置都有明确规定和要求。

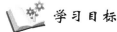

(1)能说明前照灯光学特性。
(2)能描述前照灯检测设备的分类。
(3)能说明前照灯检测设备的结构及基本原理。
(4)能描述前照灯检测的检验方法。
(5)能对前照灯检测结果的进行分析。
建议学时:4学时。

机动车前照灯检测仪(以下简称灯光仪)是根据相关标准的要求,对前照灯光束照射在10m远屏幕的特性进行仪器化测量的光学仪器,其生产制造执行《机动车前照灯检测仪》(JT/T 508—2015)。从历史发展,前照灯检测仪类型有聚光式、投影式、自动追踪光轴式到屏幕式等不同光学结构。操作方式从手动到全自动检验,测量元件从光电转换器件有单片光电池到多片光电池,到多组光电池,到CCD全图像处理的技术演变。

一、前照灯的光学特性

前照灯特性包括配光特性、全光束和照射方向三个方面。

1. 配光特性(光束分布)

配光特性是指受照物体上各部位的照度大小。当汽车前照灯垂直地照射到前方的平滑表面后,被照射面上的照度是不均等的,中心区域较高,边缘区域较低。如果把各种相同照度的点用曲线连接起来,即可得到如图 3-21 所示的等照度曲线图。好的配光特性要求等照度曲线的分布在垂直方向窄,在水平方向宽,且左右对称,不偏向一边,上下扩展也不太宽,这叫对称式配光特性。还有一种非对称式配光,即光形分布有一条明显的明暗截止线(灯光投射到配光屏幕上,眼睛感觉到的明暗陡变的分界线)。非对称式配光有两种:一种是在配光屏幕上,明暗截止线的水平部分在 V—V 线的左半边,右半边为水平线向上成 15℃ 的斜线,如图 3-22a)所示。另一种是明暗截止线右半边为水平线向上成 45℃ 斜线至垂直距 25cm 转向水平的折线,由于明暗截止线呈 Z 形,亦称 Z 形配光,如图 3-22b)所示。我国前照灯的近光灯已采用这种 Z 形配光形式。

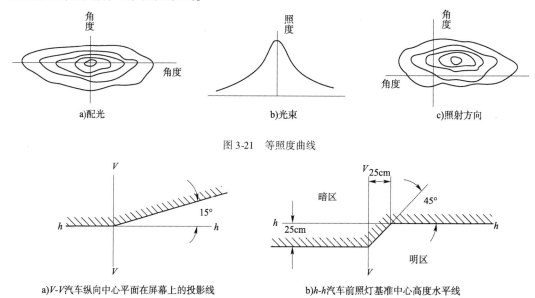

图 3-21　等照度曲线

图 3-22　非对称式配光示意图

2. 全光束(发光强度)

全光束是指前照灯照射物体后,物体上得到的总照度。它可以用明亮度分布纵断面的配光特性曲线来表示,如图 3-21b)所示。该断面的积分值,即该曲线的旋转体积就是全光束。可以认为它是光源所发出光的总量。因为受照物体得到的照度或全光束与发光强度有关,因此,全光束的特性常用光源发光强度来表述。

3. 照射方向

如果把前照灯光线最亮的地方看作是光轴的中心,则它对水平和垂直坐标轴交点的偏离就表示它的照射方向,如图 3-21c)所示。光束与水平、垂直坐标轴交点的距离,就是光束照射的偏移量。

由于汽车前照灯不是一个理想的点光源,除透过前照灯散光玻璃各点的光线不均匀外,还有和主光轴相交的光线,因此前照灯的实际照射方向与上述点光源的照射方向有所差异。但是主光轴上的光线大部分都是穿过散光玻璃中心直射的,因此,在离开散光玻璃足够远的地方,可以近似地看作由点光源发出来的散射光线。根据倒数二次方法则,随着离开光源距离的增加,照度是递减的。

图 3-23 所示为前照灯主光轴照度随距离变化的曲线。可以看出,距离超过 5m 时,实测值和理论计算值基本一致;距离为 3m 时,约产生 15% 的误差。可见距离越远,越能得到准确的测量值。但由于受场地限制,在用前照灯检测仪测量时,通常采用在前照灯前方 3m、1m、0.5m、0.3m 的距离进行测量,并将该测量值当作前照灯前方 10m 处的照度,换算成发光强度进行指示。

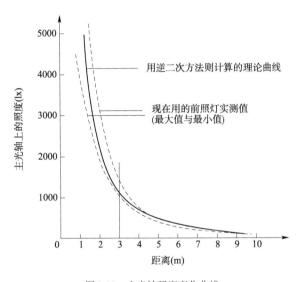

图 3-23　主光轴照度变化曲线

二、前照灯检测仪结构

1. 聚光式

聚光式光学结构常见于早期灯光仪产品(图 3-24),仅测量前照灯远光光强及其偏角。测量距离有 1m 的,也有 3m 的。光路中的二次聚光透镜使物理光程进一步缩小,并使光电池组件小巧,便于移动控制。聚光式灯光仪能自动判别对称光斑,找准光束中心,通常无法判别明暗截止线及其转角(拐点),无法测量近光光束偏角。

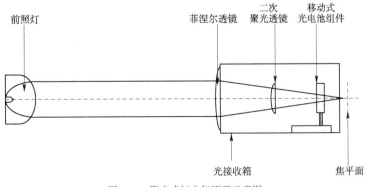

图 3-24　聚光式灯光仪原理示意图

2. 投影式

为适应近光灯测量的需要,在聚光式光路基础上增加半透半反镜投射一路光至受光板,形成光斑,用 CCD 摄像采集分析近光拐点及其偏角,另一路透射光则直达光电池组件,测量远光光强及其偏角,如图 3-25 所示。

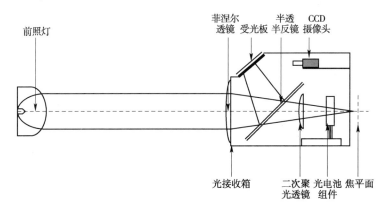

图 3-25　投影式灯光仪原理示意图

3. 自动追踪光轴式

聚光式和投影式的灯光仪都具备移动式的光电池组件以追踪光轴中心,由于受光接收箱体积的限制而影响光电池组件的移动范围,有些产品采用光接收箱仰角调节来实现光轴追踪,如图 3-26 所示。

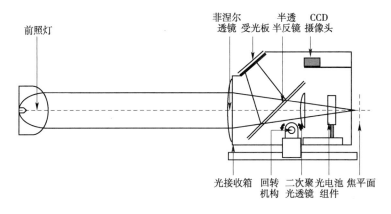

图 3-26　自动光轴追踪式灯光仪原理示意图

4. 屏幕式

如图 3-27 所示,屏幕式灯光仪采用前摄像头(对准摄像头)追踪对准前照灯中心,光束在光接受箱中汇聚在受光屏幕上,直接模拟了前照灯 10m 屏幕照射的效果,通过后摄像头(测量摄像头)拾取照射光斑的图像,直接分析计算远光光强及其光轴偏角和近光拐点及其偏角。由于采用前摄像头对准前照灯中心技术,在前照灯光束偏角变化时,光接受箱不需随光轴变化而移动,检测效率高,且方便前照灯在线调整和可疑灯光分析。

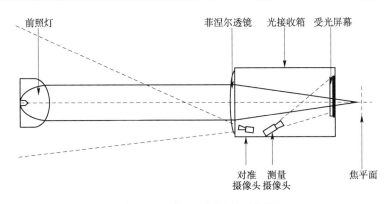

图 3-27　屏幕式灯光仪原理示意图

5. 左右行驶机构

随着计算机控制处理技术的发展，大部分的检测线已经使用了全自动灯光仪。全自动灯光仪除了光束测量的光学机构外，还有全自动控制的左右行驶机构和上下移动机构，以达到快速找准被测前照灯及其光束的目的，这些机构都由电动机(交流电动机或直流电动机)驱动、减速机变速、链轮链条拖动，实现精密定位控制。如图 3-28 所示，灯光仪控制电动机(交流或直流电动机)正转或反转，通过减速机驱动链轮，链轮带动行驶轮轴在导轨上左右移动，制动器起制动和锁止作用，使灯光仪稳定停在测量位置上。安装时要注意带凹槽的行驶轮是前轮，装在面向车灯一侧的导轨上。

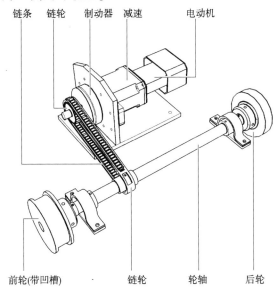

图 3-28　左右行驶机构示意

6. 上下移动机构

灯光仪的上下移动主要由电机(交流或直流电机)正转或反转通过减速机和蜗轮减速机驱动链轮带动升降支架，使灯箱上下移动，为防止灯箱摆动，一般装有一组或两组垂直导柱或滑竿，如图 3-29 所示。

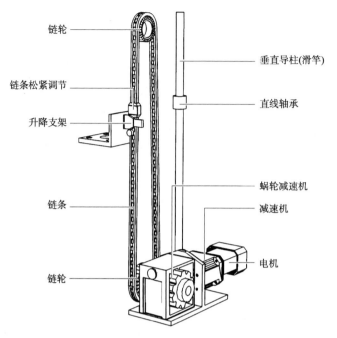

图 3-29 上下移动机构示意

三、前照灯检测仪的测量原理

1. 远光测量原理

(1) 开亮汽车前照灯远光。

(2) 仪器从导轨起始端向前照灯方位运行,仪器立柱上垂直安置的 8 个光电器件探测前照灯光束的位置,仪器在自动控制系统作用下,使光接收箱进入前照灯光照区。

(3) 前照灯光束进入光接收箱,经透镜会聚后,一路到达光传感器 A,如果落在光传感器 A 上的光斑偏下(图 3-30),则 D 的输出大于 U 的输出,仪器驱动光接收箱往下运动,直到 D 的输出与 U 的输出相等时为止。光接收箱左右方向的移动控制同理。

(4) 前照灯光束进入光接收箱,经透镜会聚后,另一路经半反射镜反射后到达光传感器 B(穿过屏幕)。如果落在光传感器 B 上的光斑偏上(图 3-31),则 U 的输出大于 D 的输出,仪器驱动光接收箱以上下回转支轴为中心向下回转,直到 U 的输出与 D 的输出相等为止。光接收箱左右方向的回转移动的控制同理。

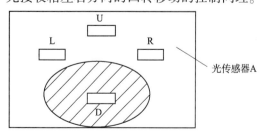

图 3-30 光斑偏下

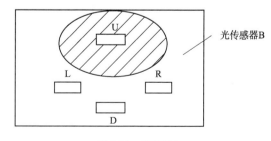

图 3-31 光斑偏上

(5) 当测量结束时,前照灯光束中心的方向,与光接收箱光学中心线的方向重合,此时,光接收箱回转的角度(在水平方向及垂直方向)表征了前照灯远光光束的偏移角度,如图3-32,图3-33所示。

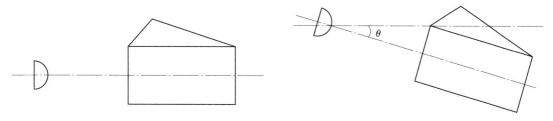

图 3-32　前照灯远光光束偏移量为零　　　图 3-33　前照灯远光光束下偏

(6)当测量结束时,光传感器 B 中部安放的光强检测传感器,将输出光强相应信号,从而得出被检前照灯的远光光强数值。

(7)当测量结束时,被检前照灯基准中心的高度:

$$H = h + L\tan\theta \tag{3-24}$$

式中:h——光接收箱光学中心高度(由高度传感器测出);

　　L——检测距离;

　　H——被检前照灯基准中心高度。

2. 近光测量原理

(1)在完成远光测量后,锁定光接收箱的位置。

(2)汽车前照灯转为近光。

(3)近光光束经透镜会聚,由半反射镜反射到屏幕上。

(4)如果近光光束明暗截止线转角点(中点)的照射位置与远光光束中心的照射位置相同,则投影到屏幕上的光斑其明暗截止线转角点(中点)将落在屏幕的原点上,如图3-34所示。此时近光明暗截止线转角点照射位置的偏移量等于远光光束中心偏移量 A。

(5)如果近光光束明暗截止线转角点(中点)的照射位置与远光光束中心的照射位置不相同,则投影到屏幕上的光斑其明暗截止线转角点(中点)将偏离屏幕原点一段距离,如图3-35所示。此时,近光明暗截止线转角点照射位置的偏移量等于远光光束中心偏移量 A 与屏幕偏移量 δA 之和。

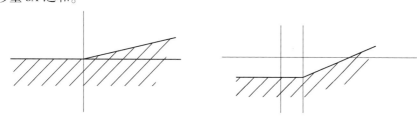

图 3-34　明暗截止线转角点落在屏幕原点　　　图 3-35　明暗截止线转角点偏离屏幕原点

(6)对准光轴后,利用 CCD 对进入仪器光接收箱经过聚光镜聚光后聚集在平面屏幕上的机动车前照灯远光光斑进行拍摄,再利用高性能计算机和先进的图像处理技术对整个平面光斑进行量化分析处理,找出其光束中心,不同的偏角的光束其光学中心成像在平面上的位置也不同,不同光强的点,其在图像上的灰度也不同,光强越强的点,光斑越白,光强越小的点,光斑越暗。求出明暗截止线转角点偏离屏幕原点的距离,从而得出 δA 的数值,最后得出近光光束明暗截止线转角点照射位置的偏移量:

$$\alpha = A + \delta A$$

式中:A——远光光束中心偏移量;

δA——近光明暗截止线转角点照射方向与远光光束中心照射方向的差值。

操作指引

1. 组织方式

(1)场地设施:汽车检测线,装有废气抽排系统和消防设施的场地。
(2)设备设施:汽车灯光检测台、实验用车、前照灯调整工具等。
(3)工量具:轮胎气压表、轮胎花纹深度计等。
(4)耗材:垫片螺钉等。

2. 操作要求

(1)穿着干净整齐的工作服。
(2)遵守场地安全规定,注意用电安全。
(3)正确操作车辆、车速表检测台等仪器设备。
(4)检测仪受光面应清洁。
(5)轨道内应无杂物,使仪器移动轻便。
(6)前照灯应清洁。

任务实施

1. 自动式前照灯检测仪检验检测步骤

(1)车辆沿引导线居中行驶至规定的检测距离处停止,车辆的纵向轴线应与引导线平行,如不平行,车辆应重新停放,或采用车辆摆正装置进行拨正。

(2)置变速器于空挡(无级变速二轮、三轮车辆应实施制动),车辆电源处于充电状态,开启前照灯远光灯。

(3)给自动式前照灯检测仪发出启动测量的指令,仪器自动搜寻被检前照灯,并测量其远光发光强度及远光照射位置偏移值。

注:前照灯远光照射位置偏移值检验仅对远光光束能单独调整的前照灯进行;远光光束能单独调整的前照灯是指手工或通过使用专用工具能够在不影响近光光束照射角度的情况下调整远光光束照射角度的前照灯,通常情况下远近光束一体的前照灯其远光光束照射角度不能单独进行调整。

(4)被检前照灯转换为近光光束,自动式前照灯检测仪自动检测其近光光束明暗截止线转角(或中点)的照射位置偏移值。

(5)按上述(3)、(4)步骤完成车辆所有前照灯的检测。

(6)在对并列的前照灯(四灯制前照灯)进行检验时,应将与受检灯相邻的灯遮蔽。

(7)采用气体放电光源前照灯时,测试前应预热。

2. 三轮汽车、摩托车前照灯检验步骤

(1)将车辆停止在规定的位置。

(2)保持前照灯正对检测仪,有夹紧装置的将车轮夹紧。

(3)开启前照灯检测仪进行检测,检测过程中车辆应处于充电状态(挡位置于空挡,无级变速的车辆应实施制动)。

(4)对两轮机动车和装用一只前照灯的三轮机动车,记录前照灯远光光束发光强度。对装用两只或两只以上前照灯的三轮机动车,参照自动式前照灯检测仪的方法进行。

3. 自动式前照灯检测仪测量限值

引用标准:《机动车运行安全技术条件》(GB 7258—2017),机动车每只前照灯的远光光束发光强度应达到表3-17的要求,其电源系统应处于充电状态。

机动车前照灯远光光束发光强度限值(单位:cd) 表3-17

机动车类型		检查项目					
		新注册车			在用车		
		一灯制	二灯制	四灯制	一灯制	二灯制	四灯制
三轮汽车		8000	6000	—	6000	5000	—
最高设计车速小于70km/h的汽车		—	10000	8000	—	8000	6000
其他汽车		—	18000	15000	—	15000	12000
普通摩托车		10000	8000	—	8000	6000	—
轻便摩托车		4000	3000	—	3000	2500	—
拖拉机运输机组	标定功率>18kW	—	8000	—	—	6000	—
	标定功率≤18kW	6000	6000	—	5000	5000	—

注:1. 四灯制是指具有四个远光光束;采用四灯制的机动车其中两只对称的灯达到二灯制的要求时视为合格。
2. 允许手扶拖拉机运输机组只装有一只前照灯。

任务小结

(1)前照灯特性包括配光特性、全光束和照射方向三个方面。

(2)前照灯检测仪类型有聚光式、投影式、自动追踪光轴式和屏幕式。

(3)前照灯不合格有两种情况:一是前照灯发光强度不足,二是前照灯照射位置偏斜。

不合格原因分析

前照灯不合格有两种情况:一是前照灯发光强度不足,二是前照灯照射位置偏斜。

1. 前照灯发光强度不足(使用图表形式体现)

分析前照灯发光强度不足的原因,有多种情况。

(1)前照灯亮,但是发光强度不足。

①检查前照灯反光镜的光泽度,是否昏暗、镀层老化剥落或发黑。

②检查灯泡是否光度偏低,质量型号是否符合要求。

③检查蓄电池端电压是否偏低,应先保证蓄电池充足电再检测端电压。

④检查前照灯电路中的熔断丝、导线接头、前照灯开关或继电器触点是否松动;电路中负荷是否超过要求。

⑤检查发电机的输出电压,是否过低。

(2)前照灯全部不亮。

①蓄电池端亏电。

②前照灯电路断路,包括导线老化断裂、总开关损坏、线路接口松动、总熔断丝熔断等。

③前照灯灯泡的灯丝烧断。

(3)前照灯某个不亮。

①变光开关或自动变光器损坏。

②前照灯电路中导线有断路。

③前照灯灯泡的灯丝烧断。

(4)前照灯灯泡经常烧坏。

电路中短路或发电机输出电压过高。

2. 前照灯光束照射位置偏斜

前照灯光束照射位置偏斜,可能的原因有以下几种。

(1)前照灯的安装位置不当。前照灯可能因为使用过程的强烈振动而错位,造成光束照射位置偏斜超标,可以通过调整安装螺钉及调整螺丝达到要求位置。

(2)前照灯的安装支架变形损坏。由于使用过程中振动、撞击造成前照灯安装支架变形损坏,带来的前照灯光束照射位置偏斜,可以通过调整或维修安装支架使其达到要求位置。

学习任务6 汽车声级计检验与评价

 任务描述

交通噪声污染是机动车迅速发展带来的三大公害之一。实验证明:当环境噪声超过 45dB 时,人会感觉到明显的不适;当噪声为 60~80dB 时,可影响人的睡眠质量;当噪声超过 90dB 时,则对人体健康造成危害。因此,国家针对机动车喇叭噪声制定了《道路运输车辆综

合性能要求和检验方法》(GB 18565—2016),对机动车喇叭的声压级做了上、下限的规定。

学习目标

(1)能描述汽车喇叭声级计的结构和检测原理。
(2)能完成汽车喇叭噪声检验。
(3)能说明汽车喇叭噪声检测的标准。
建议学时:2 学时。

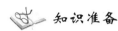

汽车喇叭声级是衡量汽车性能的重要指标之一,同时将汽车喇叭声级限制在一定范围内也成了车辆生产、维修及车辆安全性能检测部门的一项重要工作。汽车安全检测作为对汽车安全性能状况进行检验和测试的一种技术,能从源头上预防和降低汽车使用过程中带来的环境噪声等现象的发生。

一、声级计的结构和原理

声级计是用于测量汽车噪声级和喇叭声响的最常用的仪器,它由话筒、听觉修正线路(网络)、放大器、指示仪表和校准装置等组成。声级计内设有听觉修正线路,测量时可根据工作需要(被测声音的频率范围)选用适当的修正(计权)网络,测得与人耳感觉相适应的噪声值。

声级计是测量声压级大小的仪器。按供电电源种类可以分为交流式和直流式两种,其中直流式声级计因操作携带方便,所以比较常用。如图 3-36 所示为某型声级计的外形图。

声级计一般由传声器、放大器、衰减器、计权网络、检波器和指示装置组成。其原理框图如图 3-37 所示。

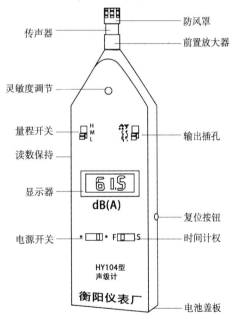

图 3-36 声级计外形结构

1. 传声器

传声器也叫话筒,是将声压信号转变为电信号的传感器,是声级计中的关键元件之一。常见的传声器有晶体式、驻极体式、动圈式和电容式数种。其中,电容式传声器是噪声测量中常用的一种。其结构见图 3-38。它主要有金属膜片和靠得很近的金属电极组成,这两者实质上形成了一个平板电容器。在声压的作用下,膜片反复出现变形,使两个极板之间的距离不断发生变化,于是极板间的电容也不断改变。这就为所接的输入电路提供了一个交变电信号,信号的大小与声压成一定比例。

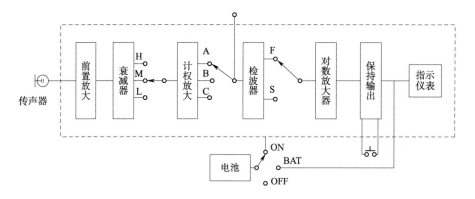

图 3-37 声级计原理框图

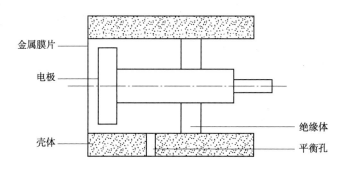

图 3-38 电容式传声器结构示意图

电容式传声器具有动态范围大,频率响应特征好和灵敏度高等特点,因而广泛应用于噪声测量。

2. 前置放大器

由于电容式传声器输出信号很小,输出阻抗很高,所以需要通过前置放大器将信号进行放大和实现阻抗匹配。

3. 衰减器

衰减器用于调整输出信号的大小,使得显示仪表指示到适当的位置。根据量程的选择衰减程度分为 H、M、L(高、中、低)三挡。

4. 计权网络

声级计是由传声器和输出放大器组合而成的测量仪,不同类型的声级计,其频率特性不同。声级计加入了具有规格化的、与人耳听觉特性相近的计权网络。声级计内基本都设有 A、B、C 三种计权网络。计权网络由电阻器和电容器组合构成,设置于电路中,可起到使传声器到表头的整个频率响应较为近似于听觉响应。A 挡是模拟人耳对 40 方纯音的响度感觉 (LA),能较大地衰减低频带声音;B 挡是模拟人耳对 70 方纯音的响度感觉(LB),对低频带有一定的衰减;C 挡是模拟人耳对 100 方纯音的响度感觉,因此,可近似代表所测噪声的总声压级。而 A 挡测定值比较接近人耳对声音的感觉,所以常用 A 挡声级(LA)代表噪声的大小。国际上也统一采用 A 计权网络进行测量。计权网络的频率响应如图 3-39 所示。

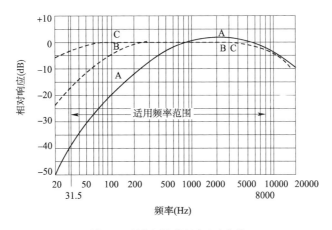

图 3-39　计权网络的频率响应曲线

5. 检波电路

检波电路亦称为有效值检波电路,它能使仪表的指示值与信号中各频率成分的声能按一定比例关系显示出来。通过采用这种方式,使能量相同的两个声音叠加时,表头上的指示读数将增加 3dB。

另外,为使声音随时间的变动在某种程度上与人耳的响应一致,显示电路中还附加了具有一定时间常数的 RC 电路,并规定了仪表的动态特性,即快(Fast)特性和慢(Slow)特性,快特性的时间常数大体相当于 125ms;对于稳态噪声,规定了约 1s 的时间常数,称为慢特性,一般测量采用快挡"F"时间计权,如果读数变化较大,可采用慢挡"S"时间计权。

6. 电源

声级计的电源一般采用直流和交流两种方式。小型声级计,为便于携带,都采用内装电池的直流电源。

7. 校准信号源

声级计在应用时必须能进行校准。有时使用活塞发声器作为标准声源,输入固定声压进行校准。若传声器的灵敏度无特别变化,则能以标准电压校验电气系统的放大量,确定总的增益特性,在一般的声级计中均备有声级计校准用信号发生器用于声级计的校准,如图 3-40 所示。

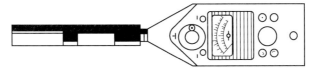

图 3-40　声级计校准用信号发生器

二、汽车喇叭声级检测

为了使汽车喇叭起到警示功能,喇叭声不能过低;但为了减少喇叭噪声对城市环境的影响,喇叭声级又不能过高。因此,应适当控制汽车喇叭声级。检测汽车喇叭声级时,应将声级计置于距汽车前 2m,离地高 1.2m 处,其话筒朝向汽车,轴线与汽车纵轴线平行,如图 3-41

所示。按喇叭连续发声3s以上,读取检测数据。在这种情况下测得的喇叭声级应在90~115dB(A)的范围内。

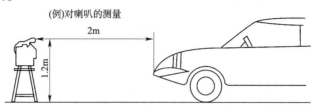

图3-41　喇叭声级计检测

操作指引

1. 组织方式

(1)场地设施:汽车检测线,装有废气抽排系统和消防设施的场地。
(2)设备设施:汽车喇叭声级计、实验用车等。
(3)工量具:声源校准器等。
(4)耗材:燃油等。

2. 操作要求

(1)穿着干净整齐的工作服。
(2)遵守场地安全规定,注意用电安全。
(3)正确操作车辆、声级计等仪器设备。

任务实施

1. 检测步骤

(1)打开声级计的电源开关,将量程开关置于合适挡位(一般置于35~130dB的挡位),将计权网络设定为"A"计权,将采样档位设定为"快"挡。
(2)根据电子灯牌的指示,引车员将汽车停放在距声级计2m的位置(声级计离地高度为1.2m)。
(3)根据电子灯牌的指示,将喇叭按钮按下2~3s的时间进行测量,声级计显示的最大值即为喇叭的测量值,其单位为dB。

2. 检测结果分析

根据《道路运输车辆综合性能要求和检验方法》(GB 18565—2016),汽车喇叭声级标准限值在距车前2m、离地高1.2m处测量时,发动机最大净功率(或电动机最大输出功率总和)为7kW以下的摩托车为80~112dB(A),其他机动车为90~115dB(A)。教练车(三轮汽车除外)还应设置辅助喇叭开关,其工作应可靠。

任务小结

(1)汽车喇叭声级是衡量汽车性能的重要指标之一。

(2)声级计是测量声压级大小的仪器,按供电电源种类可以分为交流式和直流式两种。

(3)声级计是用于测量汽车噪声级和喇叭声响的最常用的仪器,它由话筒、听觉修正线路(网络)、放大器、指示仪表和校准装置等组成。

(4)根据《道路运输车辆综合性能要求和检验方法》(GB 18565—2016),汽车喇叭声级标准限值在距车前2m、离地高1.2m处测量时,为90~115dB(A)。

 不合格原因分析

(1)仪器电源电压过低导致仪器工作不良,影响检验。

(2)仪器检测量程选择不正确导致检验不合格。

(3)检验人员操作不规范导致检验不合格。

(4)外部环境噪声及其他因素导致检验不合格。

(5)未按规定定期对仪器进行校准,导致数据偏差,影响检验结果。

学习任务7　汽车侧滑检验与评价

 **任务描述**

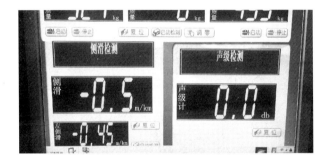

汽车转向轮的前束值与外倾角如果配合不当,转向轮在向正前方滚动的同时就会产生相对于地面的横向滑移,即侧滑。若侧滑量过大会直接影响汽车的操纵稳定性和安全性,加大轮胎的异常磨损程度。

 学习目标

(1)能描述双板联动侧滑检验台的结构及原理。

(2)能完成汽车侧滑量检验。

(3)能说明汽车侧滑量的评价标准。

(4)能对比分析造成侧滑量不合格的原因。

建议学时:2学时。

知识准备

汽车侧滑检验台是使汽车在滑板上驶过时,用滑动板左、右移动量来测量车轮滑移量的大小和方向,并判断是否合格的检测设备。侧滑台分为双板式侧滑台和单板式侧滑台,其中双板式侧滑台又以双板联动式居多。汽车侧滑检验台的产品设计、制造依据《汽车侧滑检验台》(JT/T 507—2004)执行。按允许承载轴荷分类,一般可分为3t级、20t级、13t级三种。按测量滑板长度,一般可分为500mm与1000mm两种。

一、双板联动侧滑检验台结构

双板联动侧滑检验台主要由机械部分和电气部分组成。机械部分主要由两块滑板、联动机构、回零机构、滚轮及导向机构、限位装置及锁零机构组成。电气部分包括位移传感器和电气仪表。

1. 机械部分

如图3-42所示,在侧滑检验台上,左右两块滑板分别支撑在各自的四个滚轮上,每块滑板与其连接的导向轴承在轨道内滚动,保证了滑板只能沿左右方向滑动而限制了其纵向的运动。两块滑板通过中间的联动机构连接起来,从而保证了两块滑板作同时向内或同时向外的运动。相应的位移量通过位移传感器转变成电信号送入仪表。回零机构保证汽车前轮通过后滑板能够自动回零。限位装置是限制滑板过分移动而超过传感器的允许范围,起保护传感器的作用。锁零机构能在设备空闲或设备运输时保护传感器。润滑机构能够保证滑板轻便自如地移动。

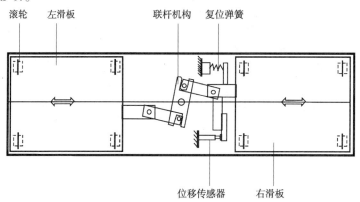

图3-42 侧滑检验台结构示意图

2. 电气部分

电气部分按传感器的种类不同而有所区别。目前常用的位移传感器有电位计式和差动变压器式两种。早期的侧滑台也有用自整角电动机的,现已很少用。

(1)电位计式测量装置。其原理非常简单,将一个可调电阻安装在侧滑检验台底座上,其活动触点通过传动机构与滑板相连,电位计两端输入一个固定电压(比如5V),中间触点随着滑板的内外移动也发生变化,输出电压也随之在0~5V之间变化,把2.5V左右的位置作为侧滑台的零点。如果滑板向外移动,输出电压大于2.5V,达到外侧极限位置输出电压为5V;滑板向内移动,输出电压小于2.5V,达到内侧极限输出电压为0V。这样仪表就可以通过A/D转换将侧滑传感器电压转换成数字量,并送入单片机处理,得出侧滑量的大小。

（2）差动变压器式测量装置。原理与电位计式类似,只是电位计式输出一个正电压信号,而差动变压器式输出的是正负两种信号。把电压为0时的位置作为零点。滑板向外移动输出一个大于0的正电压,向内移动输出一个小于0的负电压。同样,仪表就可以通过A/D转换将侧滑传感器电压转换成数字量,并送入单片机处理,得出侧滑量的大小。

指示仪表可分为数字式和指针式两种,目前检测机构普遍使用的是数字式仪表,早期自整角电动机式测量装置一般采用指针式仪表。数字式仪表多为智能仪表,实际就是一个单片机系统。

二、双板联动侧滑检验台的测量原理

1. 侧滑板仅受到车轮外倾角的作用

这里以右前轮为例,先讨论只存在车轮外倾角(前束角为零)的情况。具有外倾角的车轮,其中心线的延长线必定与地面在一定距离处有一个交点O,此时的车轮相当于一圆锥体的一部分如图3-43所示,在车轮向前或向后运动时,其运动形式均类似于滚锥。

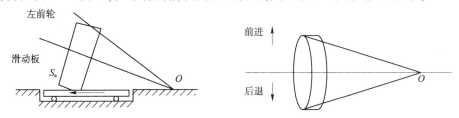

图3-43 具有外倾角的车轮在滑板上滚动的情况(右轮)

从图3-43可以看出,具有外倾角的车轮在滑动板上滚动时,车轮有向外侧滚动的趋势,由于受到车桥的约束,车轮不可能向外移动,从而通过车轮与滑动板间的附着作用带动滑动板向内运动,运动方向如图3-43所示。此时滑动板向内移动的位移量记为S_a(即由外倾角所引起的侧滑分量)。按照约定,具有外倾角的车轮,由于其类似于滚锥的运动情况,因而无论其前进还是后退时所引起的侧滑分量均为负。反之,内倾车轮引起的侧滑分量均为正。

2. 滑动板仅受到车轮前束的作用

这里仅讨论车轮只存在前束角,而外倾角为零时的情况。前束是为了消除具有外倾角的车轮类似于滚锥运动所带来的不良后果而设计的。

具有前束的车轮在前进时,由于车轮有向内滚动的趋势,但因受到车桥的约束作用,在实际前进驶过侧滑台时,车轮不可能向内侧滚动,从而会通过车轮与滑动板间的附着作用带动滑动板向外侧运动。此时,车轮在滑动板上做纯滚动,滑动板相对于地面有侧向移动,其运动方向如图3-44a)所示,此时测得的滑动板的横向位移量记为S_t(即由前束所引起的侧滑分量)。遵照约定,前进时,由车轮前束引起的侧滑分量S_t大于或等于0;反之,仅具有前张角的车轮在前进时,由车轮前张(负前束)引起的侧滑分量S_t小于或等于0。

当具有前束的车轮后退时,若在无任何约束的情况下,车轮必定向外侧滚动,但因受到车桥的约束作用,虽然其存在着向外滚动的趋势,但不可能向外侧滚动,从而会通过其与滑动板间的附着作用带动滑动板向内侧移动,它运动方向如图3-44b)所示。此时测得滑动板向内的位移记为S_t,遵照约定,仅具有前束角的车轮在后退时,通过侧滑台所引起的侧滑分量S_t小于或等于0;反之,仅具有前张角的车轮在后退时,通过侧滑台所引起的侧滑分量S_t大于或等于0。

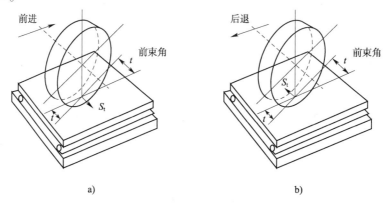

图3-44 具有前束的车轮在滑板上滚动的情况(右轮)

综上可知,仅具有前束的车轮,在前进时驶过侧滑台时所引起的侧滑量为正值,在后退时驶过侧滑台所引起侧滑量分量为负值。反之,仅具有前张的车轮,在前进时驶过侧滑台时所引起的侧滑分量为负值,在后退时驶过侧滑台所引起的侧滑分量为正值。

3. 滑动板受到车轮外倾角和前束角的同时作用

汽车转向轮同时具有外倾角和前束角,在前进时由外倾所引起的侧滑分量S_a,与有前束所引起的侧滑分量S_t的反方向,因而两者相互抵消。在后退时两者方向相同、两分量相互叠加。在外倾角及前束值不大的情况下,可以认为S_a和S_t在前进和后退过程中,侧滑分量数值不变。设车轮在前进时通过侧滑台所产生的侧滑量为A,在后退时的侧滑量为B,则可得到结论(在遵循上述侧滑量的符合约定的条件下):当车轮存在外倾角和前束角时,B大于和等于零,且B大于和等于A的绝对值。

另外,若假设前进时的侧滑量就是S_a和S_t简单叠加(或抵消)关系,则还可以得出下列结论:

(1)若前进时的侧滑量A大于一定的正数,后退时的侧滑量B大于另一正数,则侧滑量主要是由外倾所引起的。

(2)前进时的侧滑量A小于一定的负数,后退时的侧滑量B大于某一正数,则侧滑量主要是由前束所引起的。

(3)外倾角引起的侧滑量:$S_a = (A+B)/2$。

(4)前束所引起的侧滑量:$S_t = (A+B)/2$。

遵循上述分析和讨论,我们可以得到其余三种组合情况下侧滑台板的运动规律,从车轮外倾、车轮内倾、车轮前束和前张角等因素中判断出是哪个因素主要引起车轮侧滑的故障。因此可有效地指导维修人员调整车轮前束及车轮外倾角。

操作指引

1. 组织方式

(1)场地设施:汽车检测线,装有废气抽排系统和消防设施的场地。
(2)设备设施:汽车侧滑检验台、实验用车等。
(3)工量具:轮胎气压表、花纹深度计、百分表、磁性表座、弹簧拉力计等。
(4)耗材:燃油等。

2. 操作要求

(1)穿着干净整齐的工作服。
(2)遵守场地安全规定,注意用电安全。
(3)正确操作车辆、汽车侧滑检验台等仪器设备。

 任务实施

1. 测试前的准备

(1)打开侧滑试验台设备电源开关,让试验台通电预热 30min。
(2)解除试验台侧滑板锁止装置,拨动滑板,仪表清零。
(3)确保车辆轮胎的规格型号、气压、花纹深度符合标准规定,胎面清洁。

2. 安全注意事项

(1)车辆通过侧滑检验台时,不得转动转向盘。
(2)不得在侧滑台上制动、停车或半联动。
(3)勿使轴荷超过检验台允许载荷的汽车驶到检验台上,以防压坏机件或压弯滑动板。
(4)不要在检验台上进行车辆维护工作。
(5)应保持侧滑台滑板下部的清洁,防止锈蚀或阻滞。

3. 检验程序

(1)车辆正直居中驶近侧滑检验台,并使转向轮处于正中位置。
(2)以 3~5km/h 车速平稳通过侧滑检验台。
(3)计算机或仪表自动测取最大示值。

4. 侧滑检验台检验标准限值

依据 GB 7258—2017 规定,汽车(三轮汽车除外)的车轮定位应与该车型的技术要求一致。对前轴采用非独立悬架的汽车(前轴采用双转向轴时除外),其转向轮的横向侧滑量,用侧滑台检验时侧滑量值应在 ±5m/km 之间。

任务小结

(1)侧滑台分为双板式侧滑台和单板式侧滑台。
(2)双板联动侧滑检验台结构:主要由机械和电气两部分组成。

（3）双板联动侧滑检验台的测量原理。
①滑动板仅受到车轮外倾角的作用。
②滑动板仅受到车轮前束的作用。
③滑动板受到车轮外倾角和前束角的同时作用。
（4）侧滑检验的评价标准值。
（5）不合格原因。
①汽车前进时,侧滑板向外移动的不合原因。
②汽车前进时,侧滑板向内移动的不合原因。
③汽车前进和后退时,侧滑板移动方向相同,或侧滑板移动方向相反的不合原因。
（6）侧滑检验台的操作规程。

 不合格原因分析

根据《机动车运行安全技术条件》（GB 7258—2017）规定,对于前轴采用非独立悬架的汽车,用侧滑台检验时,其转向轮的横向侧滑量值应在 -5~5m/km 之间。

标准中已对滑板的移动方向和数值正负的对应关系作了规定（外正内负）。为便于检验人员对车辆前束、前轮外倾引起的滑板移动方向有明确的认识,下面以图示说明。

汽车前进时,侧滑板向外移动,主要的原因有两个;一是前轮前束值过大,如图 3-45 所示;二是前轮外倾角与该车外倾角基准值相比偏小,如图 3-46 所示。

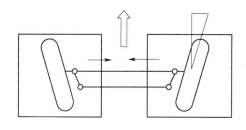 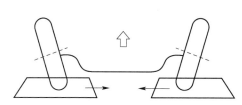

图 3-45 两前轮前束值过大　　　　图 3-46 外倾角过小

汽车前进时,侧滑板向内移动,主要原因有两个:一是前轮前束值偏小或为负值,如图 3-47 所示;二是前轮外倾角过大,如图 3-48 所示。

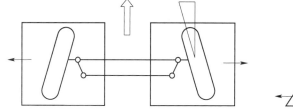 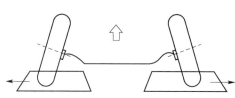

图 3-47 前轮前束值偏小　　　　图 3-48 前轮外倾角过大

汽车前进和后退时,侧滑板移动方向相同,或侧滑板移动方向相反,但绝对值之差较大,这是前轮外倾角异常或转向系杆件球头磨损后松旷所致。

学习任务8 汽车悬架装置检验与评价

悬架装置是汽车的一个重要总成,它是将车身和车轴弹性连接的部件。汽车悬架装置通常有弹性元件、导向装置和减振器三部分组成。其主要功能是:缓和有路面不平引起的振动和冲击,以保证汽车具有良好的平顺性;迅速衰减车身和车桥的振动;传递作用在车轮和车身之间的各种力和力矩;保证汽车行驶时必要的安全性和操纵稳定性。

(1)能描述常用汽车悬架装置检验台类型及检验方法。
(2)能说明汽车悬架装置检验台的结构及原理。
(3)能完成谐振式悬架装置检验任务。
(4)能对汽车悬架装置检验数据进行分析评价。
建议学时:2学时。

汽车悬架装置的检测内容主要是测试减振器性能,这是因为减振器和与之相连的弹性元件等构成了复杂的系统,在评价减振器性能的同时,也就对悬架装置的性能做出了综合的评价。《道路运输车辆综合性能要求和检验方法》(GB 18565—2016)规定:对于最大设计车速大于或等于100km/h且轴载质量小于或等于1500kg的载客汽车,应按规定进行悬架特性检测。

一、汽车悬架装置检验台类型及检验方法

汽车悬架装置检验台根据其结构类型,可分为跌落式、谐振式、平板式(制动式)三类。目前,普遍采用的是跌落式悬架装置检验台。

跌落式悬架装置试验台测试开始时,先通过举升装置将汽车升起一定高度,然后突然松开支撑机构,车辆自由振动,可用测量装置测量车辆振幅,或者用压力传感器测量车轮对台

面的冲击力,对压力波形进行分析,以此评价汽车悬架装置的性能。

平板式制动试验台是利用汽车在测试平板上紧急制动过程来测定汽车的制动和悬架性能。通过"制动、轴重、悬架"测试平板的压力传感器可测量被测车轮作用于测试平板上的垂直力。对垂直力随时间的变化曲线进行处理和分析,获知汽车车身的振动情况,从而判断被测车轮悬架的技术状况。

二、谐振式悬架装置检验台结构与原理

1. 谐振式悬架装置检验台结构

谐振式悬架装置检验台,其结构如图 3-49 所示,悬架检验台通过电动机、偏心轮、储能飞轮、弹簧组成的激振器,迫使汽车悬架装置产生振动,在开机数秒后断开电动机电源,电储能飞轮产生扫频激振。测量此振动频率、振幅、输出振动波形曲线,以系统处理评价汽车悬架装置性能。

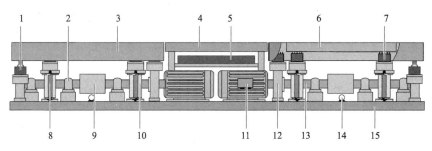

图 3-49 谐振式悬架试验台结构

1-外框外侧称重传感器;2-轴承座;3-外框称重台面;4-中间盖板;5-电气控制箱;6-悬架检测台面;7-悬架检测传感器;8-复位弹簧;9-储能飞轮;10-导向套;11-电动机;12-台面支撑;13-偏心轴;14-吊环;15-台架底座

2. 谐振式悬架装置检验台原理

使用谐振式悬架装置检验台检验时,其原理如图 3-50 所示。将受检轴的车轮驶上台架,启动悬架台,激振器迫使汽车悬架产生振动,使振动频率增加至超过振荡的共振频率。待电动机转速稳定后切断电动机电源,振动频率逐渐降低,并将通过共振点,记录衰减振动曲线,测量共振时动态轮荷,计算并显示共振时的最小动态车轮垂直载荷与静态车轮垂直载荷的百分比值(悬架吸收率)及其同轴左、右轮百分比的差值。

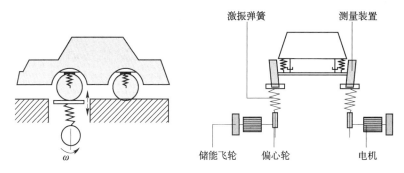

图 3-50 谐振式悬架试验台结构原理图

三、汽车悬架装置故障分析

汽车悬架装置最易发生故障的元件是减振器。有故障的减振器在行驶中会使车轮轮胎有30%的路程接地力减小,甚至不与地面接触。其不良后果是:汽车方向发飘,特别是曲线行驶难以控制;制动易跑偏或侧滑;车身长时间的余振影响乘坐舒适性;影响车轮轴承、轴接头、转向拉杆、稳定器等部件过载等。

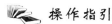操作指引

1. 组织方式

(1)场地设施:汽车悬架装置检验台,装有废气抽排系统和消防设施的场地。
(2)设备设施:独立悬架车辆。
(3)工量具:常用工具(1套)。
(4)耗材:燃料等。

2. 操作要求

(1)穿着干净整齐的工作服。
(2)遵守场地安全规定,注意用电安全。
(3)正确使用工量具。

任务实施

1. 测试仪器及车辆的准备

(1)仪器通电预热,检测前检查激振电动机工作是否正常,电器信号工作是否正常。
(2)车辆的装备应符合制造厂技术条件的规定。
(3)车辆空载。
(4)轮胎的规格和气压应符合制造厂的规定。

2. 安全注意事项

(1)检测时车辆前后不准站立人员。
(2)检测过程中禁止站立在激振台板上或倚靠在测试车身上。
(3)在没有老师或检测工作人员指导下,禁止启动激振电动机。

3. 检验程序

(1)仪器通电预热后,启动智能测控系统进入待检状态。
(2)车辆低速(3km/h左右)驶上检测台,车辆轴线与检测台垂直,使轮胎位于台面的中央位置。
(3)车辆停稳后,发动机熄火,车辆空载,不乘人(含引车员)。
(4)按"启动检测"按钮进入检测状态。
(5)悬架装置检测台首先启动左电动机,激振器迫使汽车悬架产生振动,使车辆悬架装

置与检测台达到共振。

(6)在共振点过后,关闭电动机,振动频率减少,系统自动记录衰减振动曲线及数据。

(7)参照(4)至(5)步骤,启动右电动机进行激振,检测到悬架性能和振动曲线。

(8)系统计算并显示动态轮荷与静态轮荷的百分比及其同轴左右轮吸收率的差值。

(9)记录与分析数据。

4. 谐振式悬架装置检验台检验标准限值

依据《道路运输车辆综合性能要求和检验方法》(GB 18565—2016)规定,设计车速不小于100km/h,轴质量不大于1500kg的载客汽车,其轮胎在激励振动条件下测得的悬架吸收率应不小于40%,同轴左、右轮悬架吸收率之差不得大于15%。

任务小结

(1)《道路运输车辆综合性能要求和检验方法》(GB 18565—2016)规定:对于最大设计车速大于或等于100km/h且轴载质量小于或等于1500kg的载客汽车,应按规定进行悬架特性检测。

(2)汽车悬架装置检验台根据其结构类型,可分为跌落式、谐振式、平板式(制动式)三类。

(3)悬架检验台通过电动机、偏心轮、储能飞轮、弹簧组成的激振器,迫使汽车悬架装置产生振动,在开机数秒后断开电动机电源,电储能飞轮产生扫频激振。系统测量此振动频率、振幅、输出振动波形曲线,并以此评价汽车悬架装置性能。

不合格原因分析

(1)受检车辆的轮胎气压不符合规定,影响测量准确性。

(2)检验时驾驶员未离开车辆,造成车辆偏载影响检测误差。

(3)受检轴的轮胎未按规定停放在悬架检测台检测台面的中央位置,造成偏斜影响检测误差。

(4)检验时,未对非被检轴前后摆放制动楔块,或在检验前轴时未实施驻车制动,导致车辆在检测过程中移动,造成检测误差。

(5)传感器固定螺丝松动、传感器有损坏或四个传感器不在同一平面,造成悬架台检测轮荷数据异常。

学习任务9 轴(轮)重检验与评价

任务描述

轴(轮)重仪用于分别测定汽车各轴(轮)的垂直载荷,提供在汽车制动检测时计算各轴及整车的制动效能时所需的轴荷数据,用于测定机动车的整备质量。根据《机动车安全技术检验项目和方法》(GB 21861—2014)规定,在注册登记检验时,如何针对重中型货车、挂车、专项作业车进行整备质量检验?

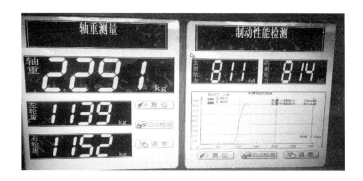

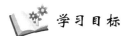

(1)能描述轴(轮)重仪的类型。
(2)能说明轴(轮)重仪的结构及原理。
(3)能完成轴(轮)重仪的检验。
建议学时:2 学时。

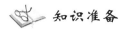

从原理上看,轴(轮)重仪可分为机械式和电子式两类。机械式是一种传统的形式,它是依据杠杆原理制成的,因功能简单、精度较低、不便于联网,目前已很少使用。电子式轮(轴)仪多配有智能化仪表,因其功能强、精度高,目前已获得广泛应用。

电子式轴(轮)重仪检验台可分为轴荷台和轮荷台。轴荷台是整个承重台面为一刚性连接整体,左右车轮停在同一台面上直接测取轴荷;轮荷台分左右两块相互独立的承重板,通过测取左右轮重计算轴荷,测试精度较高。根据《机动车安全技术检验项目和方法》(GB 21861—2014),为更好地评价机动车的制动性能,尽可能采用能分别测量和显示左、右车轮轮荷的轮荷台。

一、轴(轮)重仪的结构

轴(轮)重仪主要由框架和承重台面及电子仪表组成。其中,机械部分又称为称体,是轴(轮)重仪的主体部分,而电子仪表则主要起显示作用。显然,能独立测量和显示左、右车轮的轮荷台需具有两个称体,分别安装在左右框架内。

称体包括框架、承载台面及传感器装置等。承重台面四角分别固定 4 只压力应变传感器,如图 3-51 所示。当传感器受到压力时,电阻应变片的阻值发生变化,从而能够输出一个与所受压力成正比的电压信号。

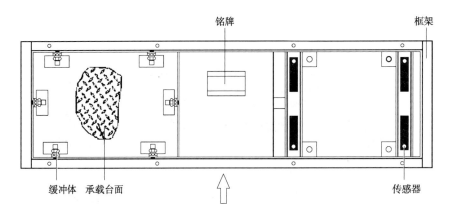

图 3-51 称体整体结构

二、轴(轮)重仪的工作原理

要了解轴(轮)重仪的工作原理,首先需要了解其所用传感器的构造。轴(轮)重仪常用的传感器为悬臂梁式,它采用悬臂梁及电阻应变片作为敏感元件组成全桥电路,是一种低外形、高精度、抗偏抗侧性能优越的传感器件。当传感器受到压力时,电阻应变片的阻值发生变化,从而能够输出一个与所受压力成正比的电压信号。

以某汽车检测设备厂生产的轴(轮)重仪传感器为例。

(1) 4 个阻值相同的电阻应变片粘贴在弹性载体上,将 4 个电阻联成如图 3-52 所示的桥路。

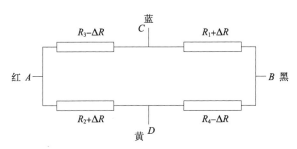

图 3-52 传感器桥路布置图

红-电源 + ;黑-电源 - ;蓝-信号 + ;黄-信号 -

在 AB 端加电压 $U_{AB}(10V)$,传感器不受力时,$R_1 = R_2 = R_3 = R_4$,所以 $V_{CD} = 0$,即没有信号电压输出。但实际传感器 4 个电阻不可能完全相同,所以 V_{CD} 有微小电压差,称为 0 位电压。传感器向下受力时,因 R_1、R_2 应变片受拉伸,电阻分别增大 ΔR,R_3、R_4 应变片受压缩,电阻分别减少 ΔR。

上下回路电流分别为 $I(I = V_{AB}/2R)$,C、D 两点的电位差 V_{CD} 为电流 I 和两倍 ΔR 的乘积,即

$$V_{CD} = 2I \times \Delta R = 2 \times \frac{V_{AB}}{2R} \times \Delta R = V_{AB} \times \frac{\Delta R}{R}$$

由上式可知，施加在传感器对角线 AB 的电压越高，其输出电压灵敏度就越高。但由于受功率和温度的制约，传感器工作电压不得超过12V。

（2）轴（轮）重仪传感器由 4 个如图 3-52 所示的传感器电路按图 3-53 所示并联组成。为保证各传感器灵敏度一致，在每一个力传感器工作电流回路中串接 1 个电阻（通常已在工厂配置好），可保证在承载台面各个位置加上同一载荷时，仪表都能显示几乎一样的测量值。

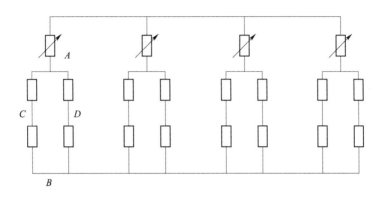

图 3-53　传感器并联示意图

轴（轮）重仪的测量原理为：进行轮（轴）荷测量时，汽车停在承载台面上或缓慢地通过承载台面，台面受到车轮重力作用，设轴荷为 W，其重心位于台面上任意一点 M，四个传感器将会受到大小不等的压力，根据力学常识不难理解，这四个力的大小比例与 M 点的位置有关，但是四个传感器的支撑力之和必定等于轴荷 W，因为台面在轴荷 W 和四个传感器支撑力的作用下是保持平衡的，而且与 M 点的位置无关，因此，我们只要采集这四个传感器输出的电信号，经过处理后就可以准确地计算出左、右轮荷值，进而计算出轴荷值。

需要指出的是，在实际使用中，若被测质量过于偏离承载台面中心，则可能会增大测量误差，所以实际测量轴荷时，还是应该尽量摆正车轮在检验台上的位置。

操作指引

1. 组织方式

（1）场地设施：汽车轴（轮）重仪，装有废气抽排系统和消防设施的场地。
（2）设备设施：实验用车。
（3）工量具：常用工具（1 套）。
（4）耗材：燃料等。

2. 操作要求

（1）穿着干净整齐的工作服。
（2）遵守场地安全规定，注意用电安全。
（3）正确使用工量具。

任务实施

1. 检验前仪器及车辆准备

（1）仪器清零。

（2）车辆轮胎气压、轮胎规格符合标准规定,车辆空载,不乘人(含驾驶员)。

2. 检验规程

（1）被检车正直居中行驶,将被测轴停放于轴重台面的中央位置,停稳。若为"动态测试"应按检测线系统计算机或仪表的要求进行操作。

（2）系统读取左、右轮重数据。

（3）按以上程序依此测试其他车轴。

3. 注意事项

检测过程中车辆应停稳或稳定慢速通过(动态测试),且不得转动转向盘。

4. 轴(轮)重仪检验标准限值

根据《机动车安全技术检验项目和方法》(GB 21861—2014)规定,车辆在车管部门注册登记时,整备质量参数为：重中型货车、挂车、专项作业车不超过 ±3% 或 ±500kg,轻微型货车、专项作业不超过 ±3% 或 ±100kg,低速货车产品 ±5% 或 ±100kg,摩托车产品不超过 ±10kg。

 任务小结

（1）轴(轮)重仪可分为机械式和电子式两类。

（2）轴(轮)重仪主要由框架和承重台面及电子仪表组成。

（3）轴(轮)重仪常用的传感器为悬臂梁式,它采用悬臂梁及电阻应变片作为敏感元件组成全桥电路,是一种低外形、高精度、抗偏抗侧性能优越的传感器件。当传感器受到压力时,电阻应变片的阻值发生变化,从而能够输出一个与所受压力成正比的电压信号。

（4）根据《机动车安全技术检验项目和方法》(GB 21861—2014)规定,车辆在车管部门注册登记时,整备质量参数应满足：重中型货车、挂车、专项作业车不超过 ±3% 或 ±500kg,轻微型货车、专项作业不超过 ±3% 或 ±100kg,低速货车产品 ±5% 或 ±100kg,摩托车产品不超过 ±10kg。

 不合格原因分析

（1）传感器、放大器、模拟通道及线路故障,导致测试过程中测试数据一边为零或全部为零。

（2）传感器有发卡、悬空现象或承重板的四边有卡滞,导致测试过程中轴重台偏载。

（3）没进行定期标定,传感器受力不均或供电不正常,检测车辆车速过快,导致测试过程中轴重测试数据不准。

（4）车辆未按整备质量检验条件进行检验。

学习任务10　汽车制动性能检验与评价

任务描述

目前,我国用于汽车制动性能检测的台架,主要包括滚筒反力式制动台(用于检测制动力、制动力平衡)和平板式制动检验台(用于检测制动力、制动力平衡和制动协调时间)。

学习目标

(1)能描述汽车制动性能评价指标。
(2)能说明反力式滚筒制动检验台结构和测试原理。
(3)能说明平板式制动检验台结构和测试原理。
(4)能完成反力式滚筒制动检验台和平板式制动检验台的检测。
(5)能分析制动检验不合格原因。
建议学时:4 学时。

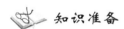

知识准备

汽车制动性能台架检测是以整车制动率、轴制动率和制动不平衡率作为评价指标。目前,我国机动车检验机构配备的制动性能台架检测设备多为滚筒反力式制动检验台和平板式制动检验台。滚筒反力式制动检验台的设计、生产制造执行《滚筒反力式汽车制动检验台》(GB/T 13564—2005),平板式制动检验台的产品设计生产依据《平板式制动检验台》(GB/T 28529—2012)执行。这两种台架按承载轴荷分类,一般可分为3t 级、10t 级、13t 级。

一、制动性能的评价指标

汽车的制动性主要由制动效能、制动效能的恒定性与制动时的方向稳定性来评价。

1. 制动效能

汽车的制动效能是指汽车迅速降低车速直至停车的能力。制动效能是表征汽车制动性最基本的特性参数。评定制动效能的指标是制动距离 s 和制动减速度 a_b。

制动距离的长短直观体现了汽车制动效能的高低,是表征汽车制动性最基本的特性参数。制动距离与汽车的行驶安全有直接的关系,它指的是汽车速度为 v_0 时,从驾驶人开始操纵制动控制装置(制动踏板)到汽车完全停住为止所行驶过的距离。制动距离与制动踏板力、路面附着条件、车辆载荷、发动机是否接合等许多因素有关。

制动减速度是制动时车速对时间的导数,即 dv/dt。制动减速度的大小是汽车降低行驶速度能力强弱的量化体现。制动减速度也是表征汽车制动效能的重要特性参数。

众所周知,汽车制动过程中,减速度不是固定不变的,不是常量而是变量。因此,在评价汽车制动性能时,由某时刻的值来代表减速度是不严谨的,所以我国采用平均减速度的概念,即

$$\bar{a} = \frac{1}{t_2 - t_1} \int_{t_1}^{t_2} a(t) dt$$

式中:t_1——制动压力达到75%最大压力 p_{max} 的时刻;

t_2——到停车时总时间的 2/3 的时刻。

ECE R13 和 GB 7258—2017 采用的是充分发出的平均减速度(m/s^2):

$$MFDD = \frac{(v_b^2 - v_e^2)}{25.92(s_e - s_b)}$$

式中:v_b——$0.8v_0$ 的车速,km/h;

v_0——起始制动车速,km/h;

v_e——$0.1v_0$ 的车速,km/h;

s_b——v_0 到 v_b 车辆经过的距离,m;

s_e——v_0 到 v_e 车辆经过的距离,m。

从制动的全过程来看,总共包括驾驶人见到信号后做出行动反应、制动器起作用、持续制动和放松制动器四个阶段,如图 3-54 所示。

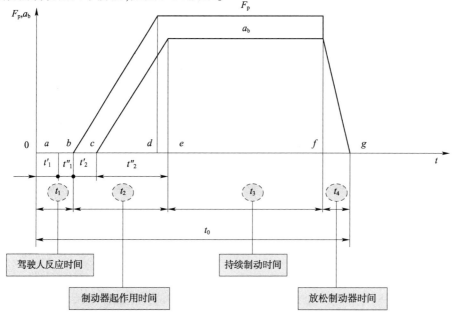

图 3-54　汽车制动过程

一般的,制动距离是指开始踩着制动踏板到完全停车的距离,包括制动器起作用和持续制动两个阶段中汽车行驶过的距离 s_2 和 s_3。

在制动器起作用阶段,汽车驶过的距离 s_2 可按如下方法估算。

t'_2 为制动系响应时间,是指制动时踏下制动踏板克服自由行程、制动器中蹄与鼓的间隙所需的时间,在该时间内

$$s'_2 = v_0 t'_2$$

式中:v'_0——起始制动车速。

t''_2 为制动力增长时间,是指制动器制动力随着踏板力增大而增长至最大值所需要的时间。在该时间内,制动减速度线性增长,即

$$\frac{dv}{dt} = kt$$

式中

$$k = -\frac{a_{b\max}}{t''_2}$$

故

$$\int dv = \int kt \, dt$$

求解该积分等式,因 $t = 0$ 时(即图 3-52 中的 c 点),$v = v_0$,故

$$v = v_0 + \frac{1}{2}kt_2''^2$$

在 t''_2 时的车速为

$$v_e = v_0 + \frac{1}{2}kt^2$$

又因

$$\frac{ds}{dt} = v_0 + \frac{1}{2}kt^2$$

故

$$\int ds = \int \left(v_0 + \frac{1}{2}kt^2\right)dt$$

而 $t = 0$ 时(即图 3-52 中的 c 点),$s = 0$,故

$$s = v_0 t + \frac{1}{6}kt^3$$

$t = t''_2$ 时的距离为

$$s''_2 = v_0 t''_2 - \frac{1}{6} a_{b\max} t_2''^2$$

因此,在 t_2 时间内的制动距离为

$$s_2 = s'_2 + s''_2 = v_0 t'_2 + v_0 t''_2 - \frac{1}{6} a_{b\max} t_2''^2$$

显然制动器起作用时间 t_2 越短,汽车在制动器起作用阶段驶过的距离 s_2 也就越短。制

动器起作用时间 t_2 取决于驾驶人促动制动控制装置的速度,但根本还是取决于制动系结构。制动系结构定型后,制动器使用时间的长短就取决于制动系的技术状况,尤其是制动器的技术状况。

对于在持续制动阶段汽车驶过的距离 s_3 可按如下方法估算。

汽车在该阶段内以减速度 $a_{b\max}$ 做匀减速运动,初速度为 v_e,末速度为 0,故

$$s_3 = \frac{v_e^2}{2a_{b\max}}$$

代入 v_e 值,得

$$s_3 = \frac{v_0^2}{2a_{b\max}} - \frac{u_0 t_2''}{2} + \frac{a_{b\max} t_2''^2}{8}$$

显然,汽车在持续制动阶段驶过的距离取决于制动系的结构,取决于制动系所能提供的最大制动力,只有制动器提供的制动力达到或超过路面附着力时才能使汽车驶过的距离最短,而路面附着条件只是外因,即使路面附着条件再好,制动器提供的制动力达不到路面附着了,就无法充分利用道路的附着条件,获取不到最佳制动效果。当制动系结构定型后,制动距离的长短就取决于制动系的技术状况了。制动系的状况不佳,制动器提供不了固有的制动力,就会延长制动距离。

总制动距离为

$$s = s_2 + s_3 = \left(t_2' + \frac{t_2''}{2}\right)v_0 + \frac{v_0^2}{2a_{b\max}} - \frac{a_{b\max} t_2''^2}{24}$$

因为 t_2'' 值很小,故略去 $\frac{a_{b\max} t_2''^2}{24}$ 项,令车速的单位为 km/h,则上式的 s 可写成

$$s = \frac{1}{3.6}\left(t_2' + \frac{t_2''}{2}\right)v_0 + \frac{v_0^2}{25.92 a_{b\max}}$$

从上式可以看出,决定汽车制动距离的主要因素是:制动器起作用时间、最大制动减速度或附着力(或最大制动器制动力)以及起始制动车速。

真正使汽车减速停车的是持续制动时间。但制动器起作用时间对制动距离的影响也不容忽视。例如一辆汽车在良好的硬路面上,以 30km/h 的速度制动到停车的距离为 5.7m。若设制动器起作用时间为 0.2s,则在 0.2s 内汽车行驶过的距离为 1.25m,占总制动距离 22% 左右。若制动器起作用时间为 0.6s,则相应的行驶距离延长到 3.75m,总制动距离增加到 8.18m,就已超出有关交通法规的容许值了。

制动器起作用时间、制动器最大制动力均取决于制动系的结构行驶和结构参数。改进制动系结构,减少制动系作用时间,是缩短制动距离的有效措施。制动距离计算的参数中,时间参数 t_2' 和 t_2'' 不易准确测定,制动力在制动过程中也不是固定不变的,路面附着系数也是随路面而变的变量,因此应用上式计算制动距离的实际意义不大,通常都是有实车路试测定。但制动距离算式较全面地表达了影响制动距离的几个因素,有助于定性的分析各种因素对制动距离的影响。

2. 制动效能的恒定性

制动效能的恒定性是指汽车抗制动效能下降的能力。汽车制动系在不同的使用环境

下,制动效能会衰退、降低。根据导致制动效能衰退的原因,可将制动效能的衰退现象分为热衰退和水衰退。因此,制动效能的恒定性可分为抗热衰退性和抗水衰退性。

热衰退是指由于摩擦热的影响使制动器摩擦材料的摩擦系数下降,导致制动效能暂时降低的现象。热衰退是目前制动器不可避免的现象,只是有程度的差别。制动器热衰退程度用热衰退率评价。在产生相同制动力的条件下,制动器冷状态下所需的操纵力(制动系统压力)与热状态下所需的操纵力之比称为热衰退率。

从能量的观点看,汽车的制动过程是将汽车的机械能的一部分或全部,通过制动器的摩擦转化为热能。忽略辐射的情况下,单位时间内制动产生的热量一部分被存储在制动器中,一部分通过对流传给周围的空气。存储于制动器的热量使制动器摩擦副发热、温度升高、摩擦系数下降,并产生磨损,从而影响汽车制动性能和制动器寿命。如 LexusLS400 汽车在冷制动时,起始制动车速为195km/h,制动距离为163.9m,减速度为$8.5m/s^2$,而下山驾驶时,共有 26 次制动,前制动器温度达 696℃,这时另一同样起始车速的制动鼓,减速度为$6.0m/s^2$,制动距离增加了80.6m达到244.5m。温度对摩擦系数和制动力的影响如图 3-55 和图 3-56所示。

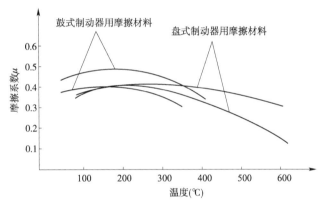

图 3-55 温度对摩擦系数的影响

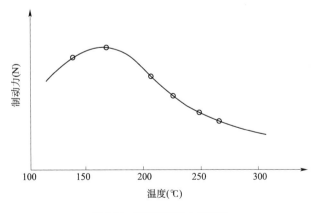

图 3-56 温度对制动力的影响

制动器抗热衰退性一般用一系列连续制动效能的保持程度来衡量。根据国家行业标准 ZBT 24007—1989,要求以一定车速连续制动 15 次,每次制动减速度为$3m/s^2$,最后的制动效能应不低于规定的冷制动效能($5.8m/s^2$)的60%(在制动踏板力相同的条件下)。

抗热衰退性能与制动器摩擦材料及制动器结构相关。一般制动器的制动鼓、盘由铸铁制成,而摩擦片由石棉、半金属和无石棉等几种材料制成。按照 ECE R13 的规定,由于石棉对人健康有害,不允许使用含有石棉的摩擦片。正常制动时,摩擦副的温度在200℃左右,摩擦副的摩擦因数约为0.3~0.4。但在更高的温度时,有些摩擦片的摩擦因数会有明显降低而出现热衰退现象。另外,如果制动器结构不合理或使用不当时会引起制动液温度急剧上升,当温度超过制动液的沸点是会发生汽化现象,使制动完全失效。

制动效能因数是单位制动轮缸推力 F_{pu} 所产生的制动器摩擦力 F,即

$$K_{ef} = \frac{F}{F_{pu}}$$

其中

$$F = \frac{T_\mu}{r}$$

式中:r——制动鼓半径。

常用制动效能因数与摩擦因数的关系曲线来说明各种类型制动器的效能及其稳定程度。图 3-57 是具有典型尺寸的各种类型制动器效能因数与摩擦因数的关系曲线。

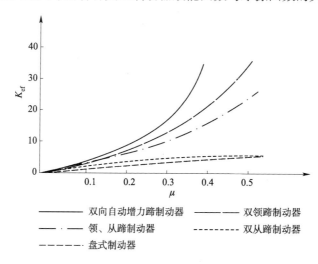

图 3-57 制动效能因数曲线

山区行驶的货车和高速行驶的轿车,对抗热衰退性能有较高的要求。一些国家规定中规定,大型货车必须装备辅助制动器,以保持山区行驶的制动效能。

水衰退性是指制动器摩擦表面浸水使制动效能下降的现象。制动器摩擦表面浸水后,由于水的润滑作用使摩擦系数下降,从而导致制动器制动效能降低。水衰退的程度可用制动器浸水后的制动效能与浸水前的制动效能的比值(%)表征。相应的,抗水衰退性是指汽车在潮湿的情况下或涉水行驶后,制动效能保持的程度。由于制动器初始制动后的温度在100℃以上,因此在使用过程中可以通过"点制动"来解决水衰退性问题。

3. 制动时汽车的方向稳定性

制动过程中有时会出现制动跑偏、侧滑,使汽车失去控制而离开规定行驶方向。汽车在制动过程中维持直线行驶能力,或按预定弯道行驶的能力,称为制动时汽车的方向稳定性。

1) 制动跑偏

制动时原期望汽车按直线方向减速停车,但有时汽车却自动向左或向右偏驶,这种现象称为"制动跑偏"。跑偏现象多数是由于技术状况不正常造成的,经过维修调整是可以消除的。产生制动跑偏的主要原因是在制动过程中,左、右轮地面制动力增大的速度不一致,左、右轮地面制动力不等。特别是前轴左、右轮制动力不等,是产生制动跑偏的主要原因。

2) 制动侧滑

侧滑是指汽车制动时,某一轴的车轮或两轴的车轮发生横向滑动的现象。最危险的情况是在高速制动时,后轴发生侧滑,这时汽车常发生不规则的急剧回转运动,使制动系统部分地或完全失去操纵。

侧滑产生的原因,是在制动过程中,地面制动力达到附着极限后,继续增加制动力,车轮将处于抱死拖滑状态,此时,侧向附着系数为零,即该轮抵抗侧向干扰的能力为零,这时,即使车轮受到任何一点侧向力,都会引起沿侧向力方向的滑动。

紧急制动过程中,常出现一根轴的侧滑。实践证明,后轴侧滑具有很大的危险性,可以使汽车调头;前轴侧滑对汽车行驶方向改变不大,但是已不能用转向盘来控制汽车的行驶方向。

3) 转向能力的丧失

转向能力的丧失是指弯道制动时,汽车不再按原来的弯道行驶而是沿弯道切线方向驶出以及直线行驶时转动转向盘汽车仍按直线方向行驶的现象。转向能力的丧失和后轴侧滑也是有联系的,一般汽车后轴不会侧滑,前轮就可能丧失转向能力;后轴侧滑,前轮常仍保持转向能力。

只有前轮抱死和前轮先抱死时,因侧向力系数为零,不能产生任何地面侧向反作用力,汽车才丧失转向能力。

因此,从保证汽车方向稳定性的角度出发,首先不能出现只有后轴车轮抱死或后轴车轮比前轴车轮先抱死的情况,以防止危险的后轴侧滑。其次,尽量少出现只有前轴车轮抱死或前、后车轮都抱死的情况,以维持汽车的转向能力。最理想的情况就是防止任何车轮抱死,前、后车轮都处于滚动状态,这样就可以确保制动时的方向稳定性。

二、反力式滚筒制动检验台结构

反力式滚筒制动检验台的原理图及结构简图如图3-58、图3-59所示,现行的产品制造执行标准为GB/T 13564—2005《滚筒反力式汽车制动检验台》。它由结构完全相同的左右两套对称的车轮制动力测试单元和一套指示、控制装置组成。每一套车轮制动力测试单元由框架(多数试验台将左、右测试单元的框架制成一体)、驱动装置、滚筒组、举升装置、测量装置等构成。

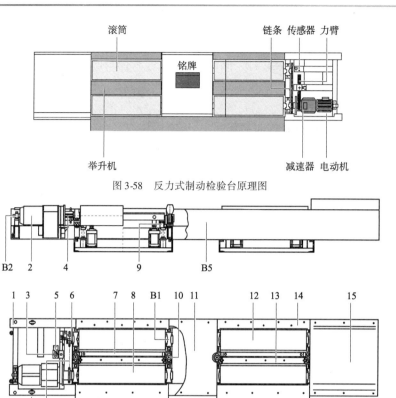

图 3-58 反力式制动检验台原理图

图 3-59 某种反力式制动台结构图

1-框架;2-减速机组件;3-力臂支架;4-主滚筒链轮;5-光电开关支架;6-副滚筒链轮;7-左制动第三滚筒;8-左制动主滚筒;9-举升器导向;10-轮胎挡轮;11-中间盖板;12-右制动副滚筒;13-右制动举升器;14-右制动出车端边盖板;15-右制动边盖板;16-左制动引板;B1-滚筒轴承;B2-电动机轴承;B3-链条;B4-吊环;B5-框架侧顶螺栓

1. 驱动装置

驱动装置由电动机、减速器和链传动组成。电动机经过减速器减速后驱动主动滚筒,主动滚筒通过链传动带动从动滚筒旋转。减速器输出轴与主滚筒通过轴连接或通过链条、皮带的连接,减速器壳体为浮动连接(即可绕主动滚筒轴自由摆动)。日制式制动台测试车速较低,一般为 $0.1 \sim 0.18 km/h$,驱动电动机的功率较小,一般为 $2 \times 0.6 \sim 2 \times 2.2 kW$;而欧制式制动台测试车速为 $2.0 \sim 5 km/h$,驱动电动机的功率较大,一般为 $2 \times 3 \sim 2 \times 11 kW$。减速器的作用是减速增扭,其减速比根据电动机的转速和滚筒测试转速确定。由于测试车速低,滚筒转速也较低,一般为 $40 \sim 100 r/min$(日制式检验台转速则更低,甚至低于 $10 r/min$)。因此要求减速器减速比较大,一般采用两级齿轮减速或一级蜗轮蜗杆减速与一级齿轮减速。

理论分析与试验表明,滚筒表面线速度过低时测取协调时间偏长、制动重复性较差,过高时对车轮损伤较大,GB/T 13564—2005 推荐使用滚筒表面线速度为 $2.5 km/h$ 左右的制动台。

2. 滚筒组

每一车轮制动力测试单元设置一对主、从动滚筒。每个滚筒的两端分别用滚筒轴承与轴承座支承在框架上,且保持两滚筒轴线平行。滚筒相当于一个活动的路面,用来支承被检车辆的车轮,并承受和传递制动力。汽车轮胎与滚筒间的附着系数将直接影响制动检验台所能测得的制动力大小。为了增大滚筒与轮胎间的附着系数,滚筒表面都进行了相应加工与处理(GB/T 13564—2008 要求滚筒表面附着系数不小于 0.6),目前采用较多的有下列 5 种。

(1)开有纵向浅槽的金属滚筒。在滚筒外圆表面沿轴向开有若干间隔均匀、有一定深度的沟槽。这种滚筒表面附着系数最高可达 0.65。当表面磨损且黏有油、水时附着系数将急剧下降。

(2)表面黏有砂粒的金属滚筒。这种滚筒表面无论干或湿时其附着系数可达 0.8 以上。

(3)表面具有嵌砂喷焊层的金属滚筒。喷焊层材料选用 NiCrBSi 自熔性合金粉末及钢砂。这种滚筒表面新的时候其附着系数可达 0.9 以上,其耐磨性也较好。

(4)高硅合金铸铁滚筒。这种滚筒表面带槽、耐磨,附着系数可达 0.6~0.8,价格便宜。

(5)表面带有特殊水泥覆盖层的滚筒。这种滚筒比金属滚筒表面耐磨,表面附着系数可达 0.6~0.8,但表面易被油污与橡胶粉粒附着,使附着系数降低。

滚筒直径与两滚筒间中心距的大小对检验台的性能有较大影响。滚筒直径增大有利于改善与车轮之间的附着情况,增加测试车速,使检测过程更接近实际制动状况。但必须相应增加驱动电动机的功率,而且随着滚筒直径增大,两滚筒间中心距也需相应增大,才能保证合适的安置角。这样使检验台结构尺寸相应增大,制造要求提高。GB/T 13564—2005 推荐使用直径为 245mm 左右的制动台。

有的滚筒制动检验台在主、从动滚筒之间设置一直径较小,既可自转又可上下摆动的第三滚筒,平时由弹簧使其保持在最高位置。而在设置有第三滚筒的制动检验台上许多取消了举升装置。在第三滚筒上装有转速传感器。在检验时,被检车辆的车轮置于主、从动滚筒上,同时压下第三滚筒,并与其保持可靠接触。控制装置通过转速传感器即可获知被测车轮的转动情况。当被检车轮制动,转速下降至接近抱死时,控制装置根据转速传感器送出的相应电信号计算滑移率达到一定值(如 25%)时使驱动电动机停止转动,以防止滚筒剥伤轮胎和保护驱动电动机。第三滚筒除了上述作用外,有的检验台上还作为安全保护装置用,只有当两个车轮制动测试单元的第三滚筒同时被压下时,检验台驱动电动机电路才能接通。

3. 制动力测量装置

制动力测试装置主要由测力杠杆和传感器组成。测力杠杆一端与传感器接触,另一端与减速器壳体连接,被测车轮制动时测力杠杆与减速器壳体将一起绕主动滚筒(或绕减速器输出轴、电动机枢轴)轴线摆动。传感器将测力杠杆传来的、与制动力成比例的力(或位移)转变成电信号输送到指示、控制装置。传感器有应变测力式、自整角电动机式、电位计式、差动变压器式等多种类型。日制式制动试验台多采用自整角电动机式测量装置,而欧制式以及近期国产制动检验台多用应变测力式传感器。

4. 举升装置

为了便于汽车出入制动检验台,在主、从动两滚筒之间设置有举升装置。该装置通常由举升器、举升平板和控制开关等组成。举升器常用的有气压式、电动螺旋式、液压式3种类型,气压式是用压缩空气驱动气缸中的活塞或使气囊膨胀完成举升作用;电动螺旋式是由电动机通过减速器带动丝母转动,迫使丝杠轴向运动起举升作用;液压式是由液压举升缸完成举升动作。有些带有第三滚筒的制动检验台未装举升装置。

5. 控制装置

目前制动试验台控制装置大多数采用电子式。为提高自动化与智能化程度,有的控制装置中配置计算机。指示装置有指针式和数字显示式两种。带计算机的控制装置多配置数字显示器,但也有配置指针式指示仪表的。

三、反力式滚筒制动检验台的工作原理

如图3-60所示,检测时将汽车轮胎停于主副滚筒之间,车轮把制动台的到位开关(或光电开关)触发,控制仪表或系统,采集车轮到位信号后启动电动机,经变速器、链传动和主、副滚筒带动车轮匀速旋转,控制仪器提示驾驶人踩下制动踏板。踩下制动踏板后,车轮在车轮制动器的摩擦力矩下开始减速旋转。此时电动机驱动的滚筒对车轮轮胎周缘的切线方向产生一个与车轮制动器力矩相反的制动力,以克服制动器摩擦力矩,维持车轮继续旋转。与此同时车轮轮胎对滚筒表面切线方向附加一个与电动机产生的力矩方向相反等值的反作用力,在形成的反作用力矩作用下,减速器外壳与测力杠杆一起朝滚筒转动相反方向摆动,测力杠杆一端的测力传感器受力,输出与制动力大小成比例的电信号。从测力传感器输出的信号经放大滤波后,送往仪表或A/D转换器转换成数字信号,经计算机或仪表计算处理后,显示结果打印输出。另外在实际使用时可将第三滚筒的转速信号输入到仪表或计算机系统,测试中当车轮与滚筒之间的滑移率下降到预设值时(滑移率指踩制动踏板后车轮转速下降的值与未踩制动时车轮的转速值之比),仪表或计算机就会发出停止电动机的指令,测试完毕,以起到停机保护作用;也有采用软件判断等其他方式控制停机的制动检验台。

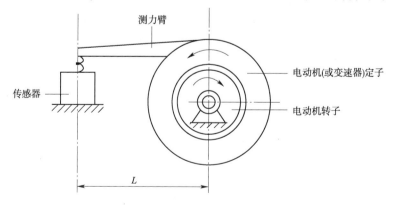

图3-60 反力式滚筒制动试验台制动力测试原理图

四、平板式制动试验台结构结构

平板式检测台结构简单、运动件少、用电量少、日常维护工作量少,提高了工作可靠性。平板式制动试验台模拟实际道路制动过程进行检测,能够反映制动时轴荷转移及车辆其他

系统(如悬架结构、刚度等)对制动性能的影响,因此可以较为真实的检测前轴驱动的乘用车的制动效能。但平板式制动检验台对检验员的操作要求较高,同时对不同轴距汽车的适应性也较差,因此对前轴驱动的乘用车更适宜用平板制动检验台进行制动效能检测,一般采用四板组合平板式制动检测台的结构简图如图3-61、图3-62所示。它由控制柜、侧滑测试平板、制动—轴荷测试平板、拉力传感器、压力传感器、底板等组成。

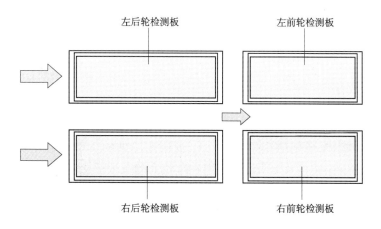

图3-61 四板式平板制动布置图

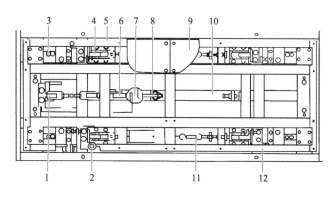

图3-62 某型号检测板结构

1-称重传感器;2-制动力传感器;3-检测板侧向限位装置;4-检测板纵向限位装置;5-检测板外框架;6-制动力标定传感器连接装置;7-制动力标定传感器;8-标定传感器加载装置;9-检测板黏砂面板;10-底架;11-检测板复位弹簧;12-检测板框架

1. 制动力和轮重测试

平板制动试验台由几块平整的检测板组合安装而成,形成一段模拟路面,检测板工作面采用特殊的黏砂处理工艺(工作面或可用钢丝网格和喷镍,根据客户需要配置),使得表面与车辆轮胎之间具有很高的附着系数。检测时机动车辆以一定的速度(5~10km/h)行驶到该平板上并实施制动,此时轮胎对台面产生一个沿行车方向的切向力(图3-63),车辆驶上检测台面后的全过程中装在平板制动检测板下面的轮重传感器和制动力传感器将车辆轮胎传递的力转换成电信号,经放大滤波后,送往A/D转换器转换成数字信号,由计算机处理后显示结果打印输出。

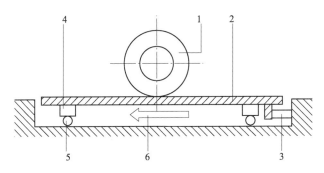

图 3-63 平板制动试验台制动力测试原理
1-车轮；2-检测板；3-制动力传感器；4-称重传感器；5-钢球；6-制动力的方向

2. 悬架效率测试

用平板制动试验台进行悬架效率测试时，车辆以 5~10km/h 的速度驶上平板台后，驾驶人迅速踩下制动踏板，车轮制动并停在平板上，此时车轮处的负重发生变化，主要是由于制动时前后车轴间的负荷转移及车身通过悬架在车轮上的振动而引起的，车身加速向下时，车轮处负重增加，车身加速向上时，车轮负重减少。图 3-64 所示的曲线是平板台在显示悬架效率测试结果时给出的前后车轮处的负重随时间变化的曲线。由于车辆的悬架系统能衰减、吸收车身的振动，所以，车身的振动经过一段时间后就会消失，故图中曲线的后段逐渐平直并接近 0 点高度（车轮处于静态负重值），图中的曲线完整的反映了制动引起的车身振动被悬架系统逐渐衰减的过程，进而计算机根据特定的公式计算出车辆的悬架效率测试结果。

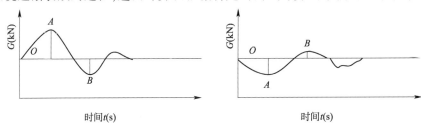

图 3-64 动态轮荷曲线

五、平板制动试验台测试原理

测试平板是制动力和垂直力的承受与传递装置。面板为一长方形钢板，其下面四个角上安置四个压力传感器，压力传感器底部加工成可以放置钢珠的纵向 V 形沟槽，底板与压力传感器底部的纵向沟槽对应处也加工有四条可以放置钢珠的纵向沟槽。这样，面板既可以通过钢珠在底板上沿纵向移动，又可以通过钢珠将作用于面板上的垂直力传递到底板上。此外，面板还经过一根装有拉力传感器的纵向拉杆扇结在底板上。当汽车行驶到四块测试平板上进行制动时，这些压力传感器和拉力传感器就能同时测出每个车轮作用于测试平板上的制动力与垂直力。

（1）平板制动检验是一个动态过程，制动过程数据变化很快，对前轴左右轮制动力达到最大时各轮对应轮重也基本是最大值，但制动力与对应轮重最大时刻不是严格一致；对后轴左右轮制动力达到最大时各轮对应轮重在最小值附近（图 3-65、图 3-66）。

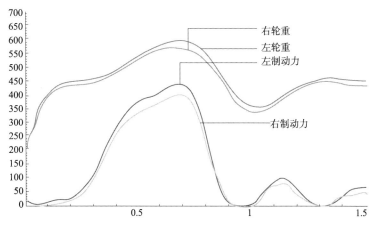

图 3-65 平板式制动试验台前轴制动曲线图

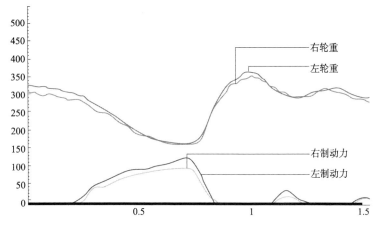

图 3-66 平板式制动试验台后轴制动曲线

（2）对乘用车，计算轴制动率时轴荷取动态轴荷计算，明确取左、右轮制动力最大时刻所分别对应的左、右轮荷之和为动态轮荷。计算时，整车动态轮荷为各轴动态轮荷之和。对于乘用车而言，计算驻车制动率、整车制动率、制动不平衡率均按静态轴荷计算。

（3）制动不平衡率计算区间：从踩制动开始到同轴左、右轮任一车轮达到最大制动力的时刻为取值区间。

操作指引

1. 组织方式

（1）场地设施：汽车制动性能检测台，装有废气抽排系统和消防设施的场地。

（2）设备设施：试验用车辆。

（3）工量具：常用工具（1套）、轮胎气压表、轮胎花纹深度计等。

（4）耗材：燃料等。

2. 操作要求

（1）穿着干净整齐的工作服。

(2)遵守场地安全规定,注意用电安全。
(3)正确使用工量具。

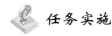**任务实施**

1. 检验前的准备

(1)制动检验台滚筒表面应清洁,没有异物及油污。
(2)检验辅助器具应齐全。
(3)气压制动的车辆,贮气筒压力应能保证该车各轴制动力测试完毕时,气压仍不低于起步气压(未标起步气压者,按400kPa计)。
(4)液压制动的车辆,根据需要将踏板力计装在制动踏板上。

2. 滚筒反力式制动检验台检验

(1)被检车辆正直居中行驶,各轴依次停放在轴(轮)重仪上,并按规定时间(不少于3s)停放,测出静态轮荷(轮重、制动分列式)。

(2)被检车辆正直居中行驶,将被测试车轮停放在制动台滚筒上,变速器置于空挡,松开制动踏板;对于全时四轮驱动车辆,非测试轮应处于附着系数符合要求的辅助自由滚筒组上,变速器置空挡。

(3)起动滚筒电动机,稳定3s后实施制动,将制动踏板逐渐慢踩到底或踩至规定制动踏板力,测得左、右车轮制动力增长全过程的数值及左、右车轮最大制动力,并依次测试各车轴;对驻车制动轴,操纵驻车制动操纵装置,测得驻车制动力数值,并下列方法计算轴制动率、不平衡率、驻车制动率、整车制动率。

3. 平板制动检验台检验

(1)检验员将被检车辆以5~10km/h的速度滑行,置变速器于空挡后(对自动变速器车辆可位于"D"挡),正直平稳驶上平板。

(2)当被测试车轮均驶上平板时,急踩制动,使车辆停止,测得各车轮的轮荷(对小型、微型载客汽车应为动态轮荷,对于并装双轴、并装三轴车辆的左右两侧可以按照1个车轮计)、最大轮制动力、轮制动力增长全过程的数值等,并按照下列方法计算轴的制动率、不平衡率、整车制动率等指标。

4. 台式制动检验限值

(1)引用标准。《机动车运行安全技术条件》(GB 7258—2017),见表3-18。

台试检验制动力要求　　　　表3-18

机动车类型	制动力总和与整车重量的百分比		轴制动力轴荷[a]的百分比	
	空载	满载	前轴[b]	后轴[b]
三轮汽车	—	—	—	≥60[c]
乘用车、其他总质量不大于3500kg的汽车	≥60	≥50	≥60	≥20[c]

续上表

机动车类型	制动力总和与整车重量的百分比		轴制动力/轴荷[a]的百分比	
	空载	满载	前轴[b]	后轴[b]
铰接客车、铰接式无轨电车、汽车列车	≥55	≥45	—	—
其他汽车	≥60	≥50	≥60[c]	≥50[d]

a 用平板制动检验台检验乘用车时应按左右轮制动力最大时刻所分别对应的左右轮动态轮荷之和计算。
b 机动车(单车)纵向中心线中心位置以前的轴为前轴,其他轴为后轴;挂车的所有车轴均按后轴计算;用平板制动试验台测试并装轴制动力时,并装轴可视为一轴。
c 空载和满载状态下测试均应满足此要求。
d 满载测试时后轴制动力百分比不做要求;空载用平板制动检验台检验时应大于等于35%;总质量大于3500kg的客车,空载用反力滚筒式制动试验台测试时应大于等于40%,用平板制动检验台检验时应大于等于30%。

(2)制动力平衡要求。在制动力增长全过程中同时测得的左右轮制动力差的最大值,与全过程中测得的该轴左右轮最大制动力中大者(当后轴及其他轴制动力小于该轴轴荷的60%时为该轴轴荷)之比,对新注册车和在用车应分别符合表3-19《台试检验制动力平衡要求》的要求。

台试检验制动力平衡要求 表3-19

车辆类型	前轴	后轴(及其他轴)	
		轴制动力大于等于该轴轴荷60%时	制动力小于该轴轴荷60%时
新注册车	≤20%	≤24%	≤8%
在用车	≤24%	≤30%	≤10%

(3)车轮阻滞力。进行制动力检测时,车辆各轮的阻滞力均不得大于该轴轴荷的10%。

(4)汽车制动协调时间,对液压制动的汽车不应大于0.35s;对气压制动的汽车不应大于0.60s。

(5)驻车制动性能。当采用制动试验台检验车辆驻车制动力时,车辆空载,乘坐一名驾驶人,使用驻车制动装置,驻车制动力的总和应不小于该车在测试状态下整车重量的20%;对总质量为整备质量1.2倍以下的车辆,限值为15%。

任务小结

(1)汽车制动性能检测的台架,主要包括滚筒反力式制动台(用于检测制动力、制动力平衡)和平板式制动检验台(用于检测制动力、制动力平衡和制动协调时间)。

(2)汽车的制动性主要有三个方面来评价:制动效能、制动效能的恒定性、制动时汽车方向的稳定性。

(3)滚筒反力式制动检验台由结构完全相同的左右两套对称的车轮制动力测试单元和一套指示、控制装置组成。每一套车轮制动力测试单元由框架(多数试验台将左、右测试单元的框架制成一体)、驱动装置、滚筒组、举升装置、测量装置等构成。

(4)滚筒反力式制动检验台的工作原理:检测时将汽车轮胎停于主副滚筒之间,车轮把制动台的到位开关(或光电开关)触发,控制仪表或系统,采集车轮到位信号后启动电动机,经变速器、链传动和主、副滚筒带动车轮匀速旋转,控制仪器提示驾驶人踩下制动踏板。

(5)平板式制动检验台结构简单、运动件少、用电量少、日常维护工作量少,工作可靠性高。平板式制动试验台模拟实际道路制动过程进行检测,能够反映制动时轴荷转移及车辆其他系统(如悬架结构、刚度等)对制动性能的影响。它由控制柜、侧滑测试平板、制动—轴荷测试平板、拉力传感器、压力传感器、底板等组成。

(6)平板式制动检验台测试原理:测试平板是制动力和垂直力的承受与传递装置。面板为一长方形钢板,其下面四个角上安置四个压力传感器,当汽车行驶到四块测试平板上进行制动时,这些压力传感器和拉力传感器就能同时测出每个车轮作用于测试平板上的制动力与垂直力。

 不合格原因分析

造成制动不合格的因素很多,主要有以下方面。

(1)各车轮制动力均偏低:主要原因为制动踏板自由行程太大,制动液中有空气或制动液变质,制动主缸故障,真空助力器或液压助力系统有故障。

(2)同制动回路两车轮制动力均偏小:该回路中有空气或轮缸或管路漏油,也有可能主缸中相应主腔密封不良。

(3)单个车轮制动力偏小:该车轮制动器有故障。

(4)若后轴车轮均存在制动力偏小:可能是感载比例阀故障,也可能是制动力分配系统设计原因。

(5)制动力平衡不合格:两侧制动器间隙不一致、轮毂失圆、轮胎花纹、磨损程度、气压不一致。

(6)各车轮阻滞力都超限:制动主缸卡滞;制动踏板自由行程调整不当;制动踏板传动机构卡滞;由于加了错误型号的制动液造成制动缸内皮碗膨胀卡滞。

(7)个别车轮阻滞力超限:制动轮缸复位不良;车轮制动器间隙调整过小;制动蹄复位弹簧故障;驻车制动机构卡滞。

(8)各车轮制动协调时间过长:制动踏板自由行程过大;车轮制动器间隙过大。

(9)驻车制动不合格:驻车制动调整不良;驻车制动机构因长期不用造成锈蚀卡滞。

项目四　机动车检验检测机构管理体系

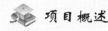项目概述

机动车检验检测机构是依法成立,依据相关标准或者技术规范,利用仪器设备、环境设施等技术条件和专业技能,对产品或者法律法规规定的特定对象进行检验检测的专业技术组织。国家认证认可监督管理委员会和省级质量技术监督部门依据《中华人民共和国行政许可法》的有关规定,自行或者委托专业技术评价机构,组织评审人员,定期对检验检测机构的基本条件和技术能力是否符合《检验检测机构资质认定评审准则》和评审补充要求所进行的审查和考核。

评审要求是针对机动车检验检测机构是否依法成立并能够承担相应法律责任的法人或者其他组织。机动车检验检测机构或者其所在的组织应有明确的法律地位,对其出具的检验检测数据、结果负责,并承担相应法律责任。不具备独立法人资格的检验检测机构应经所在法人单位授权。机动车检验检测机构应明确其组织结构及质量管理、技术管理和行政管理之间的关系。机动车检验检测机构及其人员从事检验检测活动,应遵守国家相关法律法规的规定,遵循客观独立、公平公正、诚实信用原则,恪守职业道德,承担社会责任。机动车检验检测机构应建立和保持维护其公正和诚信的程序。机动车检验检测机构及其人员应不受来自内外部的、不正当的商业、财务和其他方面的压力和影响,确保检验检测数据结果真实、客观、准确和可追溯。若机动车检验检测机构所在的单位还从事检验检测以外的活动,应识别并采取措施避免潜在的利益冲突。机动车检验检测机构不得使用同时在两个及以上机动车检验检测机构从业的人员。机动车检验检测机构应建立和保持保护客户秘密和所有权的程序,该程序应包括保护电子存储和传输结果信息的要求。机动车检验检测机构及其人员应对其在检验检测活动中所知悉的国家秘密、商业秘密和技术秘密负有保密义务,并制订和实施相应的保密措施。

> **主要学习任务**
> 1. 机动车检验检测机构从业规范
> 2. 机动车检验检测机构质量控制

学习任务1 机动车检验检测机构从业规范

机动车检验检测机构是要依法成立,依据相关标准或者技术规范,利用仪器设备、环境设施等技术条件和专业技能,对产品或者法律法规规定的特定对象进行检验检测的专业技术组织。

(1)能够说明机动车检验检测机构从业规范的内容。
(2)能够完成机动车检验检测机构从业规范的部分内容的编写。
建议学时:4学时。

机动车检验检测机构从业规范共有11方面:①总体要求;②独立、客观性要求;③质量体系有效性和资质认定要求持续满足要求;④数据和结果出具的规定;⑤人员执业、授权签字人要求;⑥禁止非法使用标志、证书;⑦检验检测报告标注标志的规定;⑧样品管理规定;⑨原始记录和报告的保存规定;⑩分包规定;⑪保密规定。这11个方面建立起全过程、全方位质量保障制度。

一、总体要求

检验检测机构及其人员从事检验检测活动,应遵守国家相关法律法规的规定,遵循客观独立、公平公正、诚实信用原则,恪守职业道德,承担社会责任,并按照《检验检测机构诚信基本要求》(GB/T 31880—2015)开展检验检测活动有关诚信的基本要求。

二、独立、客观性要求

(1)检验检测机构应建立保证检验检测公正和诚信的程序,以识别影响公正和诚信的因素,并消除或最大化减少该因素对公正和诚信的影响。

(2)检验检测机构及其人员应公正、诚信地从事检验检测活动,确保检验检测机构及其人员与检验检测委托方、数据和结果使用方或者其他相关方不存在影响公平公正的关系。检验检测机构的管理层和员工不会受到不正当的压力和影响,能独立开展检验检测活动,确保检验检测数据、结果的真实性、客观性、准确性和可追溯性。

(3)若检验检测机构所属法人单位的其他部门,从事与其承担的检验检测项目相关的研究、开发和设计时,检验检测机构应明确授权职责,确保检验检测机构的各项活动不受其所属单位其他部门的影响,保持独立和公正。

(4)检验检测机构应以文件规定或者合同约定等方式确保不录用同时在两个及以上检验检测机构从业的检验检测人员。

三、管理体系要求

检验检测机构应当定期审查和完善管理体系,保证其基本条件和技术能力能够持续符合资质认定条件和要求,并确保管理体系有效运行。检验检测机构应当有健全的质量内控体系,突出技术能力和管理要求,从"人、机、料、法、环"五个方面科学制订资质认定条件,确定检验检测机构专业技术组织的属性。

四、检测数据、结果出具的要求(图 4-1)

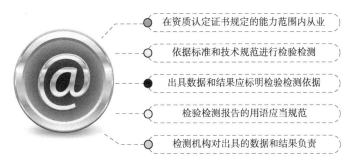

图 4-1 检测数据、结果出具的要求

(1)检验检测机构应当在资质认定证书规定的检验检测能力范围内,依据相关标准或者技术规范规定的程序和要求,出具检验检测数据、结果。还应当注明检验检测依据,并使用符合资质认定基本规范、评审准则规定的用语进行表述。检验检测机构对其出具的检验检测数据、结果负责,并承担相应法律责任。

(2)检验检测机构向社会出具具有证明作用的检验检测数据结果的,应当在其检验检测报告上加盖检验检测专用章,并标注资质认定标志,如图 4-2 所示。

图 4-2　检验检测报告上加盖检验检测专业章及标准资质认定标志

（3）检验检测机构应当加强对检验检测人员和检验检测全过程的管控，保证对外出具的数据和结果的真实、准确。

五、人员执业、授权签字人要求（图 4-3）

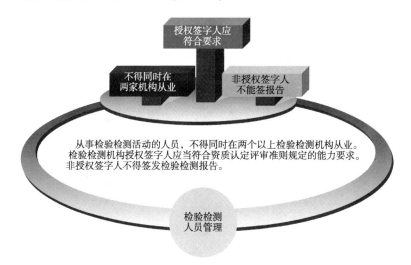

图 4-3　人员执业、授权签字人要求

（1）检验检测机构应制订人员管理程序，该管理程序应对检验检测机构人员的资格确认、任用、授权和能力保持等进行规范管理。检验检测机构应与其人员建立劳动或录用关系，对技术人员和管理人员的岗位职责、任职要求和工作关系予以明确，使其与岗位要求相匹配,并有相应权力和资源,确保管理体系运行。

(2)检验检测机构应拥有为保证管理体系的有效运行、出具正确检验检测数据和结果所需的技术人员(检验检测的操作人员、结果验证或核查人员)和管理人员(对质量、技术负有管理职责的人员,包括最高管理者、技术负责人、质量负责人等)。技术人员和管理人员的结构和数量、受教育程度、理论基础、技术背景和经历、实际操作能力、职业素养等应满足工作类型、工作范围和工作量的需要。

(3)从事检验检测活动的人员,不得同时在两个以上检验检测机构从业。

(4)检验检测机构授权签字人应当符合资质认定评审准则规定的能力要求。非授权签字人不得签发检验检测报告。

六、标志、证书使用要求(图4-4)

检验检测机构不得转让、出租、出借资质认定证书和标志;不得伪造、变造、冒用、租借资质认定证书和标志;不得使用已失效、撤销、注销的资质认定证书和标志。

图4-4 标志、证书

七、检验检测报告标注标志的规定要求

(1)根据《检验检测机构资质认定管理办法》(总局令第163号令)要求,对检验检测机构资质认定标志的使用进行管理,规范检验检测行为。

(2)检验检测机构资质认定部门负责对检验检测机构核发资质认定证书和资质认定标志。

(3)检验检测机构资质认定标志由CMA图案和资质认定证书编号组成,如图4-5所示。

图4-5 检验检测机构资质认定标志

检验检测机构应在其检验检测报告或证书和相关宣传资料中正确使用资质认定标志。资质认定标志应符合本要求规定的尺寸比例,并准确、清晰标注证书编号。资质认定标志的颜色建议为红色、蓝色或者黑色。

(4)检验检测机构在资质认定证书确定的能力范围内,对社会出具具有证明作用的数据、结果时,应当标注资质认定标志。资质认定标志加盖(或印刷)在检验检测报告或证书封面上部适当位置。

(5)检验检测机构应注重对检验检测机构资质认定标志使用的管理,建立并保存相关使用记录。

八、样品管理规定要求(图4-6)

图4-6 样品管理规定

(1)检验检测机构应当制订和实施样品管理程序,规范样品的运输、接收、制备、处置、存储过程。

（2）检验检测机构应当建立样品的标识系统，对样品应有唯一性标识和检验检测过程中的状态标识。应保存样品在检验检测机构中完整的流转记录，以备核查。流转记录包含样品群组的细分和样品在检验检测机构内外部的传递。

（3）检验检测机构在样品接收时，应对其适用性进行检查，记录异常情况或偏离。当对样品是否适合于检验检测存有疑问，或当样品与所提供的说明不相符时，或者对所要求的检验检测规定得不够详尽时，检验检测机构应在开始工作之前问询客户，予以明确，并记录下讨论的内容。

（4）检验检测机构应有程序和适当的设施避免样品在存储、处置和准备过程中发生退化、污染、丢失或损坏。如通风、防潮、控温、清洁等，并做好相关记录。应根据法律法规及客户的要求规定样品的保存期限。

九、记录管理规定要求

检验检测机构应当对检验检测原始记录、报告或证书归档留存，保证其具有可追溯性，如图4-7所示。检验检测原始记录、报告或证书的保存期限不少于6年。

十、分包规定要求

（1）检验检测机构因工作量、关键人员、设备设施、环境条件和技术能力等原因，需分包检验检测项目时，应分包给依法取得检验检测机构资质认定并有能力完成分包项目的检验检测机构，具体分包的检验检测项目应当事先取得委托人书面同意，并在检验检测报告或证书中清晰标明分包情况，如图4-8所示。检验检测机构应要求承担分包的检验检测机构提供合法的检验检测报告或证书，并予以使用和保存。

图4-7　检验检测原始记录、报告或证书归档留存

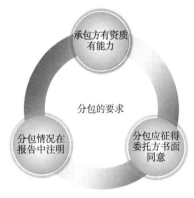

图4-8　分包要求

产生分包的需求主要有以下两种形式。

①"有能力的分包"指一个检验检测机构拟分包的项目是其已获得检验检测机构资质认定的技术能力，但因工作量急增、关键人员暂缺、设备设施故障、环境状况变化等原因，暂时不满足检验检测条件而进行的分包。分包应分包给获得检验检测机构资质认定并有相应技术能力的另一检验检测机构，该检验检测机构可出具包含另一检验检测机构分包结果的检验检测报告或证书，其报告或证书中应明确分包项目，并注明承担分包的另一检验检测机构

的名称和资质认定许可编号。

②"没有能力的分包"指一个检验检测机构拟分包的项目是其未获得检验检测机构资质认定的技术能力,实施分包应分包给获得检验检测机构资质认定并有相应技术能力的另一检验检测机构。检验检测机构可将分包部分的检验检测数据、结果,由承担分包的另一检验检测机构单独出具检验检测报告或证书,不将另一检验检测机构的分包结果纳入自身检验检测报告或证书中。若经客户许可,检验检测机构可将分包给另一检验检测机构的检验检测数据、结果纳入自身的检验检测报告或证书,在其报告或证书中应明确标注分包项目,且注明自身无相应资质认定许可技术能力,并注明承担分包的另一检验检测机构的名称和资质认定许可编号。

(2)检验检测机构实施分包前,应制订分包的管理程序,包括控制文件、事先通知客户并经客户书面同意、对分包方定期评价(或采信资质认定部门的认定结果),建立合格分包方名录并正确选用。该程序在检验检测业务洽谈、合同评审和合同签署过程中予以实施。

(3)除非是客户或法律法规指定的分包,检验检测机构应对分包结果负责。

十一、保密规定要求

为了确保检验检测机构资质认定工作的公正实施,为按照国家有关保密的规定对资质认定工作中获得的信息依法进行保密,根据《检验检测机构资质认定管理办法》(总局第163号令)的要求。

资质认定部门对其在资质认定过程中获得的有关检验检测机构的商业、技术等信息负有保密责任。未经检验检测机构的书面同意,不得对外透露其保密信息,法律法规另有规定,或者需要履行法定责任的除外。

(1)应保密的信息包括:检验检测机构申请资质认定的资料及文件;评审或其他资质认定过程中所获取的有关信息;检验检测机构档案;特别规定的其他保密信息。

(2)在下列情况下,资质认定部门可以披露保密信息:得到获准资质认定的检验检测机构书面同意;履行法定责任。

(3)不属于保密范围的信息包括如下方面。

①对外公布的关于获准资质认定状态的信息。包括获准资质认定、拒绝资质认定、暂缓资质认定、暂停或撤销资质认定、扩大或缩小资质认定范围的信息及获准资质认定的范围。

②检验检测机构获取资质认定应对外公开的信息。

③资质认定部门从其他合法渠道获得的有关检验检测机构的公开信息。

操作指引

1. 组织方式

(1)场地设施:机动车检验检测机构、一体化教室。

(2)设备设施:试验用车、管理体系文件。

2. 操作要求

(1)遵守检验检测机构规章制度。

(2)穿着干净整齐的工作服,注意沟通的礼仪。
(3)注意文件细节。

 任务实施

(1)查阅《检验检测机构资质认定管理办法》(163号令)。
(2)结合现场工作任务,完成机动车检验检测机构从业规范的11个内容编写。

 任务小结

(1)总体要求:按照《检验检测机构诚信基本要求》(GB/T 31880—2015)开展检验检测活动有关诚信的基本要求。

(2)独立、客观性要求:建立保证检验检测公正和诚信的程序;确保检验检测数据、结果的真实性、客观性、准确性和可追溯性;不受其所属单位其他部门的影响,保持独立和公正;确保不录用同时在两个及以上检验检测机构从业的检验检测人员。

(3)管理体系要求:从"人、机、料、法、环"五个方面科学制定资质认定条件。

(4)检测数据、结果出具的要求:检验检测机构对其出具的检验检测数据、结果负责,并承担相应法律责任。

(5)人员执业、授权签字人要求:检验检测机构应制订人员管理程序,该管理程序应对检验检测机构人员的资格确认、任用、授权和能力保持等进行规范管理。

(6)标志、证书使用要求:检验检测机构不得转让、出租、出借资质认定证书和标志;不得伪造、变造、冒用、租借资质认定证书和标志;不得使用已失效、撤销、注销的资质认定证书和标志。

(7)检验检测报告标注标志的规定要求:根据《检验检测机构资质认定管理办法》(总局令第163号令)要求,对检验检测机构资质认定标志的使用进行管理,规范检验检测行为。检验检测机构资质认定部门负责对检验检测机构核发资质认定证书和资质认定标志(CMA)。

(8)样品管理规定要求:检验检测机构应当制订和实施样品管理程序,规范样品的运输、接收、制备、处置、存储过程。

(9)记录管理规定要求:检验检测机构应当对检验检测原始记录、报告或证书归档留存,保证其具有可追溯性,检验检测原始记录、报告或证书的保存期限不少于6年。

(10)分包规定要求:检验检测机构需分包检验检测项目时,应分包给依法取得资质认定并有能力完成分包项目的检验检测机构,具体分包的检验检测项目应当事先取得委托人书面同意,检验检测报告或证书应体现分包项目,并予以标注。

(11)保密规定要求:为了确保检验检测机构资质认定工作的公正实施,为按照国家有关保密的规定对资质认定工作中获得的信息依法进行保密,根据《检验检测机构资质认定管理办法》(总局第163号令)的规定。

学习任务2　机动车检验检测机构质量控制

任务描述

机动车检验检测机构作为承担机动车性能检验的专业技术组织,要保证结果的准确性和有效性。

学习目标

(1)能描述机动车检验质量控制相关内容。
(2)能完成机动车检验质量控制部分内容的编写。
建议学时:4学时。

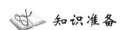
知识准备

质量管理(Quality management)是指在确定质量方针和质量目标,明确质量职责的前提下,通过质量策划、质量控制和质量保证、质量改进,以实现既定的质量方针和质量目标为目的。质量控制侧重于控制的措施(作业技术和方法),质量保证侧重于控制结果的证实,以提供充分的信任。

一、质量方针和目标

一般由企业的最高管理者正式发布的该企业总的质量宗旨和质量方向,质量方针通常具有如下特点。

(1)质量方针是一个企业的总的质量宗旨和质量方向,它说明了企业在质量方面所追求的目标以及为达到这个目标所遵循的方向和途径。

(2)质量方针通常是由一系列具体的质量政策和质量目标所支持的。这些具体的质量政策和质量目标是对企业质量方针的细化。

(3)质量方针是由企业的最高管理者正式颁布的,但质量方针的实施则是与各级管理者以及企业的每一个成员密切相关的。

(4)质量方针是企业总方针的一个非常重要的组成部分,应用简明语言表述。如:公正、科学、准确、诚信。

质量目标对于检验检测机构的营运具有重要意义,一般来讲,质量目标的主要内涵有如下方面。

(1)依据"计量认证/审查认可评审准则"建立并不断完善的质量管理体系,确保持续有效。

(2)维护检测工作的科学性、真实性、公正性,确保量值的统一和数据的准确。

(3)检测工作必须做到方法科学、行为公正、真实诚信,结果准确,客户满意率达到98%以上。

(4)切实加强仪器设备的日常维护和管理工作,并定期做好仪器设备的日(月)校和送检工作,保证仪器设备的完好率。

(5)努力提高检测中心的整体水平,提高全体员工素质,以规范的行为、过硬的技术、优质的服务进行检测工作。

二、车辆检测数据质量申诉和处理

客户如对检测结果有不同意见,可即时填写车辆检测质量申诉处理登记表,并将填写好的申诉表交给质量负责人,由质量负责人处理申诉的全过程,组织站内有关技术人员,会同申诉人一起,对所申诉的内容进行研究,必要时可安排重新检测,由质量负责人在申诉表的下方写上鉴定结论并签名,然后向车主答复。如车主对鉴定结果仍有异议,车主可直接向市质量技术监督局和交通主管部门提出申诉,由以上主管部门派人员进行调查,做出结论,并向车主答复。

检测数据的质量申诉处理由质量负责人全权负责,并向市交委维修处汇报处理意见。受理申诉的范围包括检验检测机构所有检测项目的检测质量。申诉人提交的申诉申请检验检测机构必须在当天受理。

检测中心按照准则建立完善的申诉和投诉处理机制,处理相关方对其检测和/或校准结论提出的异议,并保存所有申诉和投诉及处理结果的记录。目的是满足客户需要、追求客户满意度、时刻关注客户的意见或建议,以改进和保证服务及检测/校准结果的质量;及时解决客户的申诉和投诉,更好地为客户服务。此项工作主要由质量管理组和检测组接受申诉和投诉受理、制订并组织实施纠正、预防措施。

当收到就检测中心检测工作提出的申诉、投诉和其他不满意的信息时,质量管理组应按照《处理客户申诉和投诉的程序》认真进行受理、处理;客户通过信函、电话、传真等不同方式提交申诉和投诉,都应详细记录和存档,并交质量负责人批阅。检测组在确认申诉、投诉事实后,应立即主动配合质量管理组组织制订并实施纠正和预防措施。

质量管理组应就因检验检测机构工作质量原因造成的顾客方损失与其商谈,给予必要的赔偿。当申诉、投诉涉及检验检测机构质量管理体系的适应性、有效性时,质量管理组应报告质量负责人,必要时组织附加审核或建议管理评审。质量管理组应将所有申诉或投诉的处理过程和结果及时形成记录,并按规定全面归档。质量管理组和检测组应按《处理客户申诉和投诉的程序》(表4-1、表4-2)经常与主动与客户联系,了解客户的需求和期望,对收集的信息进行统计分析,确定顾客的需求和期望及需改进的方面,得出定性或定量的结果提交管理评审。

申诉和投诉处理登记表　　　　　　　　　　　　　　　表 4-1

申述和投诉处理程序	第×版　第×次修订
	颁布日期：××××年×月××日

客户名称		原检测报告编写	
检测项目		电话	
内容与要求	申述投诉人：　　　　　　　　　　　　　　　　　　　　　年　　月　　日		
处理意见	质量部负责人：　　　　　　　　　　　　　　　　　　　年　　月　　日		
原因分析	质量部负责人：　　　　　　　　　　　　　　　　　　　年　　月　　日		
纠正措施	责任部门负责人：　　　　　　　　　　　　　　　　　　年　　月　　日		
批准	站长：　　　　　　　　　　　　　　　　　　　　　　　年　　月　　日		

申诉和投诉处理报告　　　　　　　　　　　　　　　　　　　　　　表 4-2

申述和投诉处理程序	第×版　第×次修订
	颁布日期：××××年×月××日

送检单位_____

　　贵单位于_____年___月___日对___年___月___日送检汽车(检测报告编号为_____)的申诉、投诉，经我站认真调查核实，现将处理意见报告如下：

经办人：
日期：
×××××机动车检测检测机构
地址：××××××××××××
电话：××××-××××××××
邮编：××××××

三、设施和环境条件

检验检测机构按照规定,其设施和环境条件应满足相关法律法规、技术规范或标准的要求。

主要目的是为保证检测、校准结果的准确可靠,必须配置相应的设施和环境条件,设施和环境条件应满足对工作人员的健康安全防护,对环境条件的安全保护等的需要,并不影响检测报告质量。主要由检测组负责组织制订设施及环境条件的要求,检测组负责设施和环境条件的控制和记录,质量管理组负责检测设施配置和环境条件的核查。

1. 设施要求

(1)办公及检测场所包括:办公室及检测工作区域、能源、照明、空调、通风应便于检测工作的正常进行,并应符合有关健康和安全的要求。

(2)检测车间设备仪器布置图。

(3)检测组配备了所需的标准物质、检测仪器和必要的辅助设备,用于检测线的仪器设备均有专人保管、维护。

(4)电源线路走向合理,排列整齐,电器设备均设置漏电开关或接地线。

(5)配备灭火器、消防栓和防盗网及防雷等必要的安全设施,防止意外情况影响检测工作的正常进行。

2. 环境条件

(1)检测人员在进行检测工作时,应对检测环境条件加强控制,确保环境条件不影响检测结果的有效性和准确性。

(2)营业厅、休息室、检测车间和办公室及其他区域进行了合理的隔离,电脑房配装空调、电源、照明、温度、湿度均达到要求。

(3)制订《检测中心管理制度》《安全操作制度》等规章制度,保证公司的正常运作及安全生产。

(4)未经站长许可和专人陪同,非工作人员不得进入检测工作区域,以免影响检测工作的正常进行,并避免安全事故的发生。

(5)检测车间检测线及人行通道之间设置有效隔离,并张贴各种安全防火、禁止吸烟、限高、限速、限重等安全警示标识。

(6)检测车间内禁止随地吐痰,禁止吸烟、吃东西和丢果皮等。

(7)下班后应关好门窗,切断有关电器设备电源,锁好门窗,确保安全。

四、检测和校准方法

检验检测机构按照规定和相关技术规范或标准的要求,使用合适的检测/校准方法和程序来进行检测/校准工作。目的是为了使不同人员、不同时间所进行的检测/校准过程能保持一致,保持适当的计算和数据转换及处理规定,并有效实施。主要由检测组负责检测/校准方法的选用、制订和验证;负责编制检测设备操作规范和作业指导书,技术负责人对在用检测/校准方法的有效性进行控制。

对检测工作的各项直接过程,包括检测过程、车辆抽检和管理过程、环境条件控制过程、设备管理等分别制订了程序文件。按检测/校准标准和仪器设备制订操作规范,检测人员所需程序文件、操作规范及其他的应用技术文件均由质量管理组负责检查受控状况,并保存在检测现场,以便相关人员取阅。对检测/校准方法的偏离,按《允许偏离的程序》见表4-3执行;如不能按《允许偏离的程序》执行,则按不符合的检测工作进行控制。

允许偏离审批表 表4-3

允许偏离的程序		第×版 第×次修订		
^^^		颁布日期:××××年×月××日		
申请部门		申请时间	年 月	日
检测项目					
允许偏离事由	检测项目负责人:			年 月	日
检测车间意见	检测车间负责人:			年 月	日
审批意见	质量负责人:			年 月	日
处理情况记录与跟踪	质量负责人:			年 月	日

1. 检测/校准方法的选择

(1)检测工作严格执行国家、行业和地方标准和方法。

(2)质量管理组应确保使用的标准、检测/校准方法、操作规范和技术规范是最新有效版本。

(3)没有国际、国家、行业和地方规定的检测/校准方法时,可选择由知名的技术组织、有关科技文献或杂志上公布的方法;如无,检测组需制订检测/校准方法,制订的检测/校准方法需要进行验证,检测/校准方法中首先应给出被测样品(或参数)、可要求的量程和允许误差(或不确定度),方法适应客户的需求并签订协议,报技术负责人批准后,按《文件控制和管理程序》办理相关手续。

2. 非标准检测/校准方法的制订

(1)检测组指定有实践经验、能熟练操作相关仪器设备的检测人员编制检测方法。

(2)检测组制定和检测能力范围应符合的检测程序、操作规范。

(3)质量监督检测中的抽检应符合《样品的抽取和处置管理程序》。

(4)申请认证的检测项目按照国家、行业或地方标准制订相应的检测方法,依此结合检测工艺路线和设备特点制订检测程序。

3. 数据控制

(1)检测人员对检测记录核准时,要对数据的计算过程和结果进行校核。

(2)用计算机进行检测数据的采集、处理、运算、记录、报告、存贮或检索检验数据时,按《检测用计算机及软件控制程序》见表4-4中规定执行,确保数据的完整性和保密性。

检测用计算机及软件控制程序　　　　　　表4-4

检测用计算机及软件控制程序	第×版　第×次修订
	颁布日期:××××年×月××日
预期要求: 技术部:	年　　月　　日
实际功能: 技术部:	年　　月　　日
是否符合实际要求或制造商的声明要求: 技术部:	年　　月　　日

五、设备和标准物质

检测中心按照本准则的规定,配备正确进行检测和/或校准所需的抽样、测量和检测设备及标准物质,并对所有仪器设备进行正常维护。目的是为确保检测结果的准确、可靠,对配备正确进行检测所要求的检测仪器设备和标准物质实施有效控制。主要由检测组负责仪器设备及标准物质的购置申请、校准、使用、标识和维护,质量管理组负责组织对拟购仪器设备的论证、订购、验收、建档和对在用仪器设备的监督管理,办公室负责安排购置设备的资金计划和设备验收后建立固定资产台账。具体内容和要求有如下方面。

1. 设备及标准物质的配置

(1)根据国家交通部令第 29 号《汽车运输业车辆综合性能检验检测机构管理办法》《广东省汽车运输车辆综合性能检验检测机构基本条件》的要求和申请计量认证项目配置必要的设备及标准物质。

(2)检测仪器设备必须由质量稳定的专业生产厂提供,主要检测设备和标准物质的供应商须有相应的技术监督部门的制造许可证,优先选用定型的计量器具和标准物质,未经定型的检测仪器设备需提供相关技术单位的验证证明。

(3)新开展的检测项目所需仪器设备,由检测组依据检测方法中规定要求提出购置申请,由质量管理组组织对拟购仪器设备的先进性、可靠性、符合性进行论证,就仪器设备的名称、型号、测量范围、准确度等级,编制检测项目的能力分析表、《新项目评审程序》。

(4)对于技术革新、仪器设备更新改造项目需要的仪器设备,由质量管理组会同检测组依据最新版本检测标准中的规定要求,对拟购的仪器设备性能和准确度进行论证,提出购置申请,报经理批准后组织订购。

(5)主要检测、校准仪器设备和标准物质分别为《检测/校准仪器设备一览表》和《标准物质表》。

2. 仪器设备的使用

(1)所有检测设备在交付使用前,由质量管理组负责制订检定计划并组织实施,必须通过法定计量检定机构检定合格,检测组办理启用手续,方可投入使用。

(2)检测仪器设备应定点放置,所有检测仪器设备由专人操作,操作者必须按照使用说明书及现行有效版本的技术文件中规定的程序实施,这些程序文件应便于现场使用,正确操作和使用设备,以确保检测结果的准确和安全生产。

(3)检测人员在操作仪器设备前后均应检查其状态并记录。

3. 设备的管理

(1)所有在用仪器设备(包括计算机软件)由质量管理组负责统一编制设备号并张贴在仪器设备的醒目处,作为唯一性标识;所有在用仪器设备应用"三色标识"表明其受控及校准状态,标识上注明仪器设备编号、校准(检定)日期、有效期、校准(检定)单位。其含义有:绿色代表合格,用于检定合格的检测设备;黄色代表准用,用于功能性检查的设备,设备检定合格者或检验(检测)所用量程合格者;红色代表停用,用于检定不合格、校准核查不合格或停用的检测设备,设备超过检定周期或已损坏的设备。

(2)主要在用仪器设备均规定专人保管并负责维护等工作,认真填写设备使用记录,确保仪器设备功能正常。

(3)所有检测仪器设备都要登记"仪器设备档案表",并建立独立的设备档案,质量管理组收集、整理与设备相关的资料文件,建立设备档案。

(4)仪器设备和标准物质的日常使用和维护等记录的填写由检测组组长进行监督,每一个月审核一次后交质量管理组,质量管理组将所有有关设备的记录保存在设备档案中。

4. 标准物质的管理

(1)标准物质应由有资质的企业生产,有有效的合格证书,并能溯源到国家基准,在有效期内使用。

(2)标准物质的购置,由检测组申请,提出购置清单,检测组组长批准,由办公室主任负责安排采购,使用人员办理验收手续领用。

(3)设备管理员应按照标准物质的性质及说明要求对其进行使用和保管。

(4)过期标准物质应报检测组组长批准后销毁。

(5)仪器设备有故障或提供有怀疑结果的、显示混乱不清、测量误差超标的仪器设备都应停止使用,贴"停用"标记并予以隔离,按《仪器设备维护程序》及时对其检查维修,并检查其对已进行的检测工作是否有影响,按《不符合工作控制的程序》执行。送修设备在调试修复后应通过法定计量检定机构检定合格,方可投入使用。

(6)仪器设备的报废对经维修仍无法达到原技术要求和检测需要,或随着检测技术要求的提高,其性能已不能满足检测需要的检测设备,检测组按《仪器设备维护程序》的要求执行。

六、量值溯源

检测中心按照准则的规定,通过一条具有规定不确定度的不间断的比较链,使测量结果或标准的值能够与规定的参考标准联系起来的一种特性,保证量值溯源是汽车检测机构结果互认的基础。目的是确保的测量结果或标准的量值能溯源到国家基准或国际计量基准。主要由质量管理组负责制订检测设备周期检定、校准、核查计划,并组织监督执行,检测组组长负责检定、校准、核查计划的实施。具体内容和要求有如下方面。

(1)所有需检定的检测仪器设备在投入使用前,必须经法定计量检定机构进行检定,并按《仪器设备期间检定程序》组织实施,所有检定合格方可投入使用。

(2)质量管理组应编制检测设备周期检定计划并监督检测仪器设备的定期检定工作。在用设备在接近检定周期前一个月,安排检测组的送检计划并监督实施。

(3)凡属无法直接进行量值溯源的设备,质量管理组会同相关部门组织有关人员制订校准方法。在用设备在接近检定周期前一个月内安排检测组的送检计划并监督实施。

(4)影响到检测质量的异常修复后,应经过法定计量检定机构校准或检定合格方可使用。

(5)对不需检定的检测仪器设备按照其性质或使用说明书的要求进行功能性检查并做

好详细记录,加强维护。

(6)检定合格的仪器设备应按《仪器设备期间核查程序》(表4-5)存入设备档案。

仪器设备期间核查程序 表4-5

仪器设备期间核查管理程序		第×版 第×次修订							
		颁布日期:××××年×月××日							
仪器设备名称			型号规格						
检查项目			检查日期			年 月 日			
仪器设备									
标定(核查)值	示值	校准值	示值误差(%)	标定(核查)值		示值	校核值	示值误差(%)	
备注				备注					

(7)购置的标准物质必须是有证标准物质,确保标准物质溯源到国家或国际计量标准,并在有效期内使用。

(8)仪器设备核查。

①在仪器设备两个检定周期之间,为确保检测数据准确可靠,应对检测设备按《仪器设备运行检查程序》进行核查。

②检测设备核查标准物质需经法定计量检定机构检定合格,并在有效期内使用。

七、抽样和样品处理

检测中心按照准则的规定,按照相关技术规范或者标准实施样品的抽取、制备、传递、储存、处置等,注意控制抽样和样品处理过程的因素,以确保检测和/或校准结果的有效性。

保证检测过程中,抽样和样品(送检车辆)的代表性、有效性和完整性将直接影响检测结果的准确性,因此必须对送检车辆实施管理。主要由检测组负责送检车辆的收发、标识、管理。具体内容和要求有如下方面。

(1)送检车辆以《车辆送检委托书》、车牌号码、车辆类型、车辆发动机号码、车架号码等作为识别标记。

(2)送检车辆按规定停放在指定位置,送检员先将送检车辆资料交给检测人员,按《检测车辆管理程序》的要求进行。

(3)检测组保证在车辆交给检测人员开始,到送检车辆交还给送检员,在检测期间检测车辆的安全(车辆本身或送检人员因素除外)。

(4)质量监督检测中的抽样应符合《样品的抽取和处置管理程序》(表4-6)。

样品的抽取和处置管理程序　　　　　　　　　　　　　表4-6

样品的抽取和处理管理程序			第×版　第×次修订	
			颁布日期：××××年×月××日	
车辆号码		检测类别	核载(吨/座)	
车型类别		车辆型号		
车主单位				
维修单位				
检测结果分析：				
备注			检测员	
			技术负责人	
			抽检人	

八、结果质量控制

检验检测机构按照要求，采用合理有效的质量控制手段，监控检测工作过程，利用质量控制程序和质量控制计划以监控检测和校准结果的有效性。目的在于监视过程并排除导致不合格、不满意的原因以取得准确可靠的数据和结果。采用合理有效的质量控制手段，可监控检测/校准工作过程，预见到可能出现问题的征兆，或及时发现问题的存在，使公司可有针对性地采取纠正措施或预防措施，避免或减少不符合工作的发生。主要由质量负责人负责质量控制方法的选用、制订，及质量控制方法实施后结果的审核，检测组负责质量控制方法的实施，记录实施过程的数据，并根据数据判断质量控制结果，技术负责人负责对质量控制方法的有效性进行控制，对判断结果进行核查。具体内容和要求有如下方面。

（1）制订《结果质量控制程序》（表4-7），以监控检测和校准结果的有效性，可包括（但不限于）以下内容。

结果质量控制程序　　　　　　　　　　　　　表4-7

参考标准和标准物质的管理程序			第×版　第×次修订			
			颁布日期：××××年×月××日			
序号	参考标准或标准物质	购买人员	厂家名称	监督员	设备管理员	批准人	日期
备注							

①定期使用有证标准物质(参考物质)进行监控和/或使用次级标准物质(参考物质)开展内部质量控制。

②参加各检测机构间的比对或能力验证。

③使用相同或不同方法进行重复检测或校准。

④对存留样品进行再检测或再校准。

⑤分析一个样品不同特性结果的相关性。

(2)运用 PDCA 循环的管理思想对检测过程进行控制。PDCA 循环分析建立和实施质量管理体系有八大步骤。

①分析现状,发现品质问题。

②分析产生品质问题的各种因素。

③分析影响品质问题的主要原因。

④针对主要原因,制订问题解决方案。

⑤执行:按照措施计划实施。

⑥检查:把执行结果与要求达到的目标进行对比。

⑦标准化:把成功经验总结出来,加以标准化。

⑧把未解决或新出现的问题转入下一 PDCA 循环中。

(3)利用内部手段验证检测工作的可靠性,如盲样检测、留样检测、人员对比、方法对比等;利用外部力量验证检测能力,如检测机构之间比对和参加能力验证等。在标准更新、人员交替、设备变化和检测质量波动的情况下,尤其应加强技术校核工作。

(4)检测员应记录并分析质量控制的结果数据,记录方式应便于发现其发展趋势。

(5)制订质量控制结果是否可接收的判断依据,即对每项质量控制结果,在可接受限以内则判断为符合要求、可以接受,在可接受限以外则判断为不符合要求、不可接受。

(6)对于所有被判断为不可接受的质量控制结果,公司应查找原因并采取有计划的纠正措施,消除造成不可接受结果的影响因素。

(7)质量控制应建立在统计技术的基础上,通过大量观测数据得出的。

(8)检测员工作应对观测数据进行监控,以发现其趋势变化,并根据趋势对测量系统作出判断。

(9)定期有计划地进行评审,看其能否发现测量系统的变化。

(10)质量控制时,应尽可能在质量控制数据尚未超出预先设定的判断时提前采取措施。

九、结果报告

按照相关技术规范或者标准要求和规定的程序,及时出具检测和/或校准数据和结果,并保证数据和结果准确、清晰、客观、真实,维护好企业自身的形象和声誉。保证出具的检测报告的客观性和准确性和真实性。

(1)检验检测机构应准确、清晰、明确和客观地出具检验检测报告或证书,可以书面或电子方式出具。检验检测机构应制订检验检测报告或证书控制程序,保证出具的报告或证书满足以下基本要求:检验检测依据正确,符合客户的要求;报告结果及时,按规定时限向客户提交结果报告;结果表述准确、清晰、明确、客观,易于理解;使用法定计量单位。

(2)检验检测报告或证书应有唯一性标识。

(3)检验检测报告或证书批准人的签字或等效的标识。

(4)检验检测报告或证书应当按照要求加盖资质认定标志和检验检测专用章。

(5)检验检测机构公章可替代检验检测专用章使用,也可公章与检验检测专用章同时使用;建议检验检测专用章包含五角星图案,形状可为圆形或者椭圆形等。检验检测专用章的称谓可依据检验检测机构业务情况而定,可命名为检验专用章或检测专用章。

(6)检验检测机构开展由客户送样的委托检验时,检验检测数据和结果仅对来样负责。当客户需要对检验检测结果做出说明,或者检验检测过程中已经出现的某种情况需在报告做出说明,或对其结果需要做出说明时,检验检测机构应本着对客户负责的精神和对自身工作的完备性要求,对结果报告给出必要的附加信息。这些信息包括:对检验检测方法的偏离、增加或删减以及特定检验检测条件的信息,如环境条件;相关时,符合(或不符合)要求、规范的声明;适用时,评定测量不确定度的声明。当不确定度与检测结果的有效性或应用有关,或客户的指令中有要求,或当不确定度影响到对规范限度的符合性时,还需要提供不确定度的信息;适用且需要时,提出意见和解释;特定检验检测方法或客户所要求的附加信息。

 任务实施

1. 组织方式

(1)场地设施:机动车检验检测机构、一体化教室。

(2)设备设施:试验用车、管理体系文件。

2. 操作要求

(1)遵守检验检测机构规章制度。

(2)穿着干净整齐的工作服,注意沟通的礼仪。

(3)注意文件细节。

 任务小结

(1)质量方针和目标是企业总的质量宗旨和质量方向。

(2)检测数据的质量申诉处理由质量负责人全权负责,质量管理组和检测组应按《处理客户申诉和投诉的程序》。

(3)检验检测机构按照规定,其设施和环境条件应满足相关法律法规、技术规范或标准的要求。主要目的是为保证检测、校准结果的准确可靠,和满足对工作人员的健康安全防护。

(4)检验检测机构按照规定和相关技术规范或标准的要求,使用合适的检测/校准方法和程序来进行检测/校准工作。主要由检测组负责检测/校准方法的选用、制订和验证;负责编制检测设备操作规范和作业指导书,技术负责人对在用检测/校准方法的有效性进行控制。

（5）设备和标准物质是配备正确进行检测和/或校准所需的抽样、测量和检测设备及标准物质,并对所有仪器设备进行正常维护。目的是为确保检测结果的准确、可靠,对配备正确进行检测所要求的检测仪器设备和标准物质实施有效控制。

（6）量值溯源是通过一条具有规定不确定度的不间断的比较链,使测量结果或标准的值能够与规定的参考标准联系起来的一种特性,保证量值溯源是汽车检测机构结果互认的基础。目的是确保的测量结果或标准的量值能溯源到国家基准或国际计量基准。

（7）抽样和样品处理是按照相关技术规范或者标准实施样品的抽取、制备、传递、储存、处置等,以确保检测和/或校准结果的有效性。保证检测过程中,抽样和样品(送检车辆)的代表性、有效性和完整性。

（8）结果质量控制是采用合理有效的质量控制手段,监控检测工作过程,利用质量控制程序和质量控制计划以监控检测和校准结果的有效性。目的在于监视过程并排除导致不合格、不满意的原因以取得准确可靠的数据和结果。采用合理有效的质量控制手段,可监控检测/校准工作过程,预见到可能出现问题的征兆,或及时发现问题的存在,使检验机构可有针对性地采取纠正措施或预防措施,避免或减少不符合工作的发生。

（9）结果报告是按照相关技术规范或者标准要求和规定的程序,及时出具检测和/或校准数据和结果,并保证数据和结果准确、清晰、客观、真实,维护好企业自身的形象和声誉,保证出具的检测报告的客观性和准确性和真实性。

参 考 文 献

[1] 陈焕江.汽车诊断与检测[M].北京:清华大学出版社,2007.
[2] 张飞,李军.汽车使用性能与检测[M].北京:清华大学出版社,2015.
[3] 陈纪民.汽车使用性能与检测[M].北京:中国人民大学出版社,2011.
[4] 丁继斌,丁士清.汽车使用性能及检测[M].北京:中国铁道出版社,2010.
[5] 吕凤军.汽车使用性能与检测[M].北京:北京邮电大学出版社,2008.
[6] 谢永东.汽车使用性能与检测[M].江苏:江苏科技出版社,2009.
[7] 杨益明.汽车使用性能与检测[M].北京:人民交通出版社,2011.
[8] 夏长高,曾发林,丁发.汽车安全检测技术[M].北京:化学工业出版社,2006.